新時代の保育双書

子どもの主体性を育む
保育内容総論

みらい

執筆者一覧(五十音順 ○=編者)

安部 孝 (あべ たかし)	(名古屋芸術大学)	第10章
○新井 美保子 (あらい みほこ)	(愛知教育大学)	第4章
伊藤 博美 (いとう ひろみ)	(椙山女学園大学)	第3章
加藤 望 (かとう のぞみ)	(名古屋学芸大学)	第12章
河村 哲昌 (かわむら てつまさ)	(名古屋文化学園黒笹保育園)	第16章
櫻井 貴大 (さくらい たかひろ)	(愛知教育大学)	第7章
宍戸 良子 (ししど りょうこ)	(作新学院大学女子短期大学部)	第15章
鈴木 恒一 (すずき つねかず)	(名古屋文化学園保育専門学校)	第16章
鈴木 照美 (すずき てるみ)	(愛知教育大学)	第13章
鈴木 将也 (すずき まさや)	(名古屋文化学園保育専門学校)	第16章
高尾 淳子 (たかお あつこ)	(大阪成蹊大学)	第6章
○津金 美智子 (つがね みちこ)	(名古屋学芸大学)	第2章
内藤 由佳子 (ないとう ゆかこ)	(甲南女子大学)	第11章
野田 美樹 (のだ みき)	(岡崎女子短期大学)	第9章
浜野 兼一 (はまの けんいち)	(淑徳大学短期大学部)	第14章
彦坂 美希 (ひこさか みき)	(小規模保育事業 吉美風の子保育園)	第5章
平田 久代 (ひらた ひさよ)	(西尾中央幼稚園)	第8章
本間 和美 (ほんま かずみ)	(岡崎市立広幡こども園)	第1章第3節
松本 和 (まつもと かず)	(鶴見大学短期大学部)	第1章第1節
百瀬 ユカリ (ももせ ゆかり)	(日本女子体育大学)	第1章第2節

はじめに

　2017（平成29）年3月に「幼稚園教育要領」「保育所保育指針」「幼保連携型認定こども園教育・保育要領」が同時に改訂（改定）・告示されました。日本の保育内容は、保育の根幹を規定するこれらの各要領等に基づいています。今回の改訂（改定）では、保育の基本的な方向性や3歳以上児の保育内容の共通化、小学校教育との接続と学びの連続性などが図られました。施設の種類にかかわらず、すべての乳幼児に質の高い保育を提供しようとする姿勢が鮮明に現れています。

　では、具体的にどのように実践することが質の高い保育となるのでしょうか。本書では、子どもの主体性を育むことを基本としながら、質の高い保育について理論と実践の両面から様々に考え、取り上げました。実践の背景となる理論を知らなければ、実践は形骸化します。また、理論を実践に結びつけることは決して簡単なことではありません。本書では、保育を学ぶ学生や現職保育者の方々が日々の保育に実際に役立てていただけるように、理論に加えて、各学年の特徴や保育実践上の留意点、具体的な保育方法を掲載しました。年齢別の発達の姿には当然個人差があります。しかし、保育に携わる者にとって子どもの発達過程を踏まえることは不可欠です。その時期にふさわしい生活や遊びの積み重ねにより子どもは成長していきます。そして、1歳違えばこれほど違うという子どもの姿に、学生達は実習で出会ってくるのです。その特徴を生かしさらに発達を助長していけるように、子どもの姿を的確に捉える目を養い、環境構成や援助を工夫していく実践力を、本書を通じて学んでいただけると幸いです。

　最後に、本書の発行にあたってご配慮いただいた（株）みらいの皆さん、特に編集者の山下桂さんに心より感謝申し上げます。

2018年9月

編者一同

● 目　次 ●

第1章　幼稚園・保育所・認定こども園の一日

第1節 ● 幼稚園の一日 …………………………………………………………… 11
　　　1 ── 幼稚園とは　/11
　　　2 ── ある幼稚園の一日　/12
　　　3 ── 保育内容と援助について―心が動かされる体験―　/16

第2節 ● 保育所の一日 …………………………………………………………… 17
　　　1 ── 保育所とは　/17
　　　2 ── ある保育所の一日　/17
　　　3 ── 保育内容と援助について　/22

第3節 ● 認定こども園の一日 …………………………………………………… 22
　　　1 ── 認定こども園とは　/22
　　　2 ── ある認定こども園の一日　/23
　　　3 ── 保育内容と援助について　/26

コラム：基本的生活習慣の自律に向けて　/28

第2章　幼児教育・保育の基本

第1節 ● 幼児教育・保育の基本 ………………………………………………… 29
　　　1 ── 環境を通して行う教育・保育　/29
　　　2 ── 幼児教育の基本において重視する事項　/31

第2節 ● 幼児期に育みたい資質・能力 ………………………………………… 31
　　　1 ── 幼児期に育みたい3つの資質・能力とは　/31
コラム：「子ども・子育て支援新制度」の概要　/32
　　　2 ──「学習指導要領」「幼稚園教育要領」改訂の基本理念　/34
　　　3 ──「幼稚園教育要領」等における基本的な方向性　/35

第3節 ● 幼児期の終わりまでに育ってほしい姿 ……………………………… 36
コラム：「自発的な活動としての遊び」が実現できているか　/40

第3章　保育内容の国家的基準

第1節 ● 幼稚園教育要領と保育内容 ………………………………………………41
　　1 ── 幼稚園教育要領の役割　／41
　　2 ── 幼稚園教育要領の概要　／42
　　3 ── 幼稚園教育要領の改訂のポイント　／43

第2節 ● 保育所保育指針と保育内容 ………………………………………………45
　　1 ── 保育所保育指針の役割　／45
　　2 ── 保育所保育指針の概要　／45
　　3 ── 保育所保育指針の改定のポイント　／46

第3節 ● 幼保連携型認定こども園教育・保育要領と保育内容 ……………………48
　　1 ── 幼保連携型認定こども園教育・保育の要領の役割　／48
　　2 ── 幼保連携型認定こども園教育・保育の要領の概要　／49
　　3 ── 幼保連携型認定こども園教育・保育の要領の改訂のポイント　／50

コラム：森のようちえん　／53

第4章　遊びと保育内容

第1節 ● 自発的な活動としての遊びと学び ………………………………………54
　　1 ── 質の高い幼児教育・保育と保育内容　／54
　　2 ── 遊びとは何か　／55
　　3 ── 遊びの教育的価値と保育者の役割　／56
　　4 ── 5領域と遊び―遊びを通しての総合的な指導―　／57

第2節 ● 遊びをみる視点と保育者の援助 …………………………………………58
　　1 ──「ものとのかかわり」の視点からみる　／58
　　2 ──「人とのかかわり」の視点からみる　／61

コラム：「家なき幼稚園」がめざしたもの　／64

第5章　0歳児の保育内容

第1節 ● 0歳児の発達的特徴と保育上の留意点 …………………………………65
　　1 ── 0歳児の発達的特徴　／65
　　1 ── 0歳児の保育の基本　／68

第2節 ● 0歳児の保育内容　―事例でみる0歳児の遊び― ………………………70

コラム：0歳児の手作りおもちゃ　／73

第6章　1歳児の保育内容

第1節 ● 1歳児の発達的特徴と保育上の留意点 ……74
　1 ── 1歳児の発達的特徴　／74
　2 ── 1歳児の保育内容と留意点　／77
第2節 ● 1歳児の保育内容 ……78
　1 ── 1歳児クラスの環境構成─室内─　／78
　2 ── 1歳児クラスの環境構成─戸外─　／80
コラム：子どもの重篤なけがを防止するために　／82

第7章　2歳児の保育内容

第1節 ● 2歳児の発達的特徴と保育上の留意点 ……83
　1 ── 2歳児の発達的特徴　／83
　2 ── 安全・事故防止　／86
第2節 ● 2歳児の保育内容 ……87
　1 ── 1歳以上3歳未満児の保育にかかわるねらい及び内容　／87
　2 ── 2歳児クラスの環境構成　／87
　3 ── 2歳児の保育事例　／88
コラム：2歳児のイヤイヤに振り回される保護者への支援　／91

第8章　3歳児の保育内容

第1節 ● 3歳児の発達的特徴と保育上の留意点 ……92
　3歳児の発達的特徴　／92
第2節 ● 3歳児の保育内容 ……96
　1 ── 制作遊びからお店屋さんへ　／96
　2 ── 3歳児の運動遊びのあり方　／98
コラム：言葉で話すのでなく、心で話す　／100

第9章　4歳児の保育内容

第1節 ● 4歳児の発達的特徴と保育上の留意点 ……101
　1 ── 4歳児の発達的特徴　／101
　2 ── 保育のポイント　／104

第2節 ● 4歳児の保育内容 …………………………………………………………104
　　1 ── 保育の実践事例からの学び　／104
　　2 ── 実践事例　／105
　　3 ── 4歳児の見方・考え方　／109
コラム：認め合う子どもを認める保育者　／110

第10章　5歳児の保育内容

第1節 ● 5歳児の発達的特徴と育てたい姿 …………………………………………111
　　各期の特徴的な姿と、保育目標における育てたい姿　／111
第2節 ● 5歳児の保育と援助 ………………………………………………………114
　　1 ── 姿に応じた援助　／114
　　2 ── 健康と安全に関する援助　／117
　　3 ── 家庭や関係機関との連携における援助　／118
第3節 ● 小学校との連携 ……………………………………………………………120
　　1 ── 幼稚園・保育所・認定こども園と小学校との連携──学び・育ちの連続性──　／120
　　2 ── 連携のあり方　／120
　　3 ── 保育を深める交流活動への取り組み　／121
　　4 ── 小学校教育への円滑な移行をめざす取り組み　／121
コラム：5歳児の姿と保育の役割　／125

第11章　保育の計画

第1節 ● 保育の全体的な計画とカリキュラム・マネジメント ……………………126
　　1 ── 教育課程・保育の全体的な計画とは　／127
　　2 ── カリキュラム・マネジメントとは　／128
第2節 ● 指導計画の位置づけ ………………………………………………………128
　　1 ── 指導計画の特性　／128
　　2 ── 指導計画のねらいと留意点　／130
第3節 ● 指導計画の作成と展開 ……………………………………………………133
　　1 ── 長期の指導計画と短期の指導計画の実際　／133
　　2 ── 保育の展開における指導計画の位置づけ　／133
コラム：子どもを活動の主体におくカリキュラム・デザイン　／141

第12章　保育の記録と評価

第1節 ● 保育を記録することの意義と方法　……………………………………………142
　1 ── 日々の保育から子ども理解・遊び理解を深めるために　／142
　2 ── 日々の保育を明日の保育へ生かす方法　／143
　3 ── 日々の保育を保育者自身が振り返る方法　／143
　4 ── 日々の保育を保護者へ伝える方法　／145

第2節 ● 評価の意義と方法　……………………………………………………………146
　1 ── 評価方法の種類と評価の視点　／146
　2 ── 要録の例　／148

コラム：保育者の専門性　／151

第13章　家庭や地域との連携

第1節 ● 家庭との連携　……………………………………………………………………152
　1 ── 一人一人の発達の共通理解　／152
　2 ── 食育の推進　／153
　3 ── 園行事やPTA活動への参加　／154

第2節 ● 地域・小学校との連携　………………………………………………………156
　1 ── 地域の人材・行事・施設等の活用　／156
　2 ── 地域の子どもの健全な育成　／157
　3 ── 小学校との連携・交流　／157
　4 ── 要録の活用　／158
　5 ── 障害や発達上の課題のある子どもの保護者支援　／158

第3節 ● 長時間保育・一時預かり事業など　…………………………………………159

コラム：園と家庭が子どもを真ん中にして手を携える　／160

第14章　保育内容の変遷について

第1節 ● 戦前の保育内容　………………………………………………………………161
　1 ── 明治期における幼稚園および託児所の保育内容　／161
　2 ── 大正期における幼稚園および託児所の保育内容　／165
　3 ── 昭和期（敗戦まで）における幼稚園および託児所の保育内容　／166

第2節 ● 戦後の保育内容 …………………………………………………………………167
  1 ── 戦後新教育からみた保育内容　／167
  2 ── 講和独立後における社会状況の変化と保育内容　／169
  3 ──「幼稚園教育要領」「保育所保育指針」の変遷　／171
コラム：保育内容と「遊び」―「遊び」は時代を超える―　／176

第15章　諸外国の保育内容

第1節 ● 世界の乳幼児教育・保育（ECEC）の潮流 ………………………………177
  1 ── OECD諸国における乳幼児を取り巻く社会の動向　／177
コラム：ペリー就学前プロジェクト　／180
  2 ── 諸外国の保育内容の動向　／181
第2節 ● 特色のある保育内容 ……………………………………………………………184
  1 ── レッジョ・エミリアの保育実践　／184
  2 ── ニュージーランドの保育実践　／187
コラム：「子どもたちの100の言葉」があふれる保育のデザイン　／192

第16章　現代の保育の課題

第1節 ● 保育現場における保育の課題 ………………………………………………193
  1 ── 多様な保育サービスの問題点と課題　／193
  2 ── 保育制度をめぐる問題点と課題　／197
第2節 ● 特別な配慮を要する子どもの保育 …………………………………………198
  1 ── 子どもの貧困と保育の課題　／198
  2 ── 家族関係の希薄化による問題　／201
  3 ── 特別な支援を必要とする子どもの保育　／202
  4 ── 多文化共生の保育　／203
コラム：保育者の特技　／205

索　引　／206

第1章　幼稚園・保育所・認定こども園の一日

◆キーポイント◆

　子どもたちは、家庭から幼稚園・保育所・認定こども園という社会にはじめて出て、さまざまな生活や経験をする。園生活には子どもにふさわしい生活環境が提供される。砂遊びやかけっこ、鬼ごっこのできる園庭があり、保育室にはままごと遊びの道具や積み木、ブロックなどがたっぷり用意されている。そして、一緒に遊べるたくさんの友達がいるのである。保育者は保育環境を整え、子どもたちが心地よく主体的に活動し、生活が送れるように援助や配慮をする。保育の現場は、子どもたちにとってさまざまな刺激に満ちた豊かな生活が展開される、はじめての集団生活の場なのである。子どもはそのように整えられた園生活を通して、友達と遊ぶ楽しさや知的好奇心、学びに向かう力や社会のなかで生きる態度などを身につけていく。
　本章では、幼稚園・保育所・認定こども園の生活の流れから、一日の活動展開の仕方、生活上のルールや約束があることを知る。そして保育のなかに保育内容が総合的に存在し、保育者が援助や配慮をいかにしているか概略を学ぶ。

第1節 ● 幼稚園の一日

1 ── 幼稚園とは

　幼稚園は学校教育法で「学校」として位置づけられ、「義務教育及びその後の教育の基礎を培うものとして、幼児を保育し、幼児の健やかな成長のために適当な環境を与えて、その心身の発達を助長することを目的」としている。また「幼稚園教育要領」に示されているように、幼稚園の教育は「幼児期の特性を踏まえ、環境を通して行うものであることを基本」としている。
　幼稚園に入園できる年齢は満3歳から就学前の幼児である。幼稚園に通園する期間によって、3年保育、2年保育、1年保育といわれている。一日の保育時間は4時間を標準としているが、発達や季節を配慮して適切な保育時間を定めることとしている。また、年間の教育週数は39週を下回ってはならないと決められている。1クラスの人数は35人までという基準があるが、実際には3歳児クラスは15人程度、4・5歳児クラスでも35人を下回る程度になっている。

実際の幼稚園では多様な保育が実施されている。設立母体が国、県、市、町のような公的機関である公立幼稚園と、学校法人や宗教法人、個人立などの私立幼稚園に大きく分けられる。保育内容や方法もそれぞれの園の設定母体によって違いが大きい。たとえば保育形態の面からみると、登園から降園まで子どもの自発的な遊びを中心とした幼稚園がある一方で、小学校のように時間割が組まれて一斉的な保育が展開される幼稚園もある。年齢の枠を取り払って、3・4・5歳が同じクラスで生活する（縦割り保育、混合保育）園もある。

2 ── ある幼稚園の一日

　ここでは、幼稚園の一日の活動をみていきながら、これらの活動がどのように保育内容とかかわっているのかを考えていきたい。
　表1-1はある幼稚園の一日の生活の流れである。ここには、好きな遊びを中心とした保育の一日の流れが示されている。
　この流れに沿って、具体的な保育の内容を次にみていきたい。

(1) 登園

　朝、子どもたちは徒歩通園、あるいは園バスで登園してくる。園長は玄関で、登園してきた子ども一人一人に「おはよう！」と元気よく声をかけ、保護者ともあいさつを交わす。担任の先生は、保育室に入ってきた子どもに「おはよう！」とあいさつし、その子の表情から体調を推し量り、今日一日の園生活の意欲も汲み取る。保護者から子どもの家庭での様子を聞いたり、園での様子を伝えたりすることもある（朝の受け入れ）。

(2) 身支度

　朝のあいさつが済んだ子どもは、自分のロッカーにかばんを片づけて、タオル掛けにタオルやコップをかけ

表1－1　ある幼稚園の一日の生活の流れ

時刻	子どもの活動	保育者の活動
8：00		出勤、環境整備、保育教材の準備
8：30		朝礼（伝達事項・本日の保育の確認）
9：00	○登園する 　・朝のあいさつをする 　・着替え、お便り帳にシールを貼る 　・当番活動（飼育物の世話）	あいさつ、視診、送迎の保護者とあいさつし、子どもの近況や園での様子を伝える 着替えやお便り帳へのシール貼りの援助 当番活動の援助
9：30	○自分の選んだ好きな遊びをする 　・ブロック、大型積み木、ままごと遊び、 　　木工遊び廃材製作、お店屋さんごっこ ○園庭で遊ぶ 　・砂場で泥団子作り、アスレチック、虫捕り、 　　三輪車、サッカー、鬼ごっこ、縄跳びなど	遊びの援助 　遊びの場の確保、安全面への配慮 　保育素材の提供や環境の整備 　一緒に遊ぶ、遊びに誘う、遊びを見守るなど
10：50	○片付け 　・自分が遊んだ遊具や道具を片付ける ○手洗い・排泄、椅子を並べる	皆で遊んだ場を皆で片付けられるよう声をかける 排泄・手洗い・うがいの確認 椅子を並べる
11：15	○朝の集会 　・朝のあいさつをする 　・歌をうたう、出席確認をする 　・友達や保育者の話を聞く 　［10時頃から一斉活動を行うこともある 　　・行事の活動、製作活動、体育遊び、 　　　リズム遊び、ゲームなど］	全員が集まるまで、手遊びをして待つ ピアノを弾く 今日の遊びについて話し合う 　一斉活動をする場合には活動の説明をし、 　活動へと促したり指導・援助したりする
11：30	○昼食準備　　・手洗い・排泄	テーブルの準備
12：00	○昼食（お弁当） 　・「いただきます」のあいさつをする 　・楽しく食事をする 　・「ごちそうさま」のあいさつ 　・食後の歯磨き	お弁当（給食）の準備を促す 　当番の活動をしている姿を認める 　お茶を配る 　食後の歯磨きの確認・援助
12：45	○自分の選んだ好きな遊びをする	遊びの援助
13：30	○降園準備 ○帰りの会 　・友達や保育者の話を聞く 　・絵本・紙芝居を見るなど 　・「さようなら」のあいさつをする	降園準備を促す 　手紙や持って帰るものの確認 　明日の保育に期待をもつような話をする 　落ち着いた環境を整えて読む 　あいさつ、保護者への受け渡し
14：00	○降園する ○預かり保育 　・預かり保育の保育室に移動する 　・自分で選んだ好きな遊びをする 　・おやつを食べる	園バスに乗る 【降園後】 保育室・トイレ・園庭の掃除 今日の保育の反省 明日の準備や打ち合わせ
16：00	○順次降園する	終礼 退勤

たり、お便り帳にシールを貼ったりする。制服から体操着に着替えながら、今から何をして遊ぼうかと友達が遊んでいる様子や保育室の環境に眼を向ける。

(3) 自由な遊び（好きな遊び）

園庭では砂場で泥団子作りやアスレチックで遊ぶ姿が見られる。テラスでは木工遊びが展開している。「家作りがしたい！」と言い出した子どものアイデアから、「工事しよう！」と年長クラス全体の活動へと広がった。出来上がった椅子に座って早速「キッチンでランチなの」。

3歳児クラスの保育室ではお医者さんごっこ。でもお姫様の衣装やエプロンを着けてお母さんにも変身している？「ちょっとそこまでお買い物」と出かけたところは4歳児クラスのお店屋さん。「いらっしゃいませ。ケーキはいかがですか？」とお出迎えする。

(4) 片づけ〜朝の集会

先生が「お片づけしましょう！」と言うと、子どもたちを通じて友達から友達へと伝わっていく。まだまだ遊び足りない子どももいるが、「もうお片づけの時間だよ」と遊んでいる友達に言いながら、遊んだおもちゃや道具を決められた場所に自分たちで片づけていく。外遊びから帰ってきた子どもたちは、先生に促され手洗い・うがいをする。

椅子を並べて皆がそろったら、朝のあいさつ。お当番さんが出席確認をする。それから歌を歌ったり、今日の遊びについて話し合ったりする。「かっこいいレストランが完成しました！」。

第1章●幼稚園・保育所・認定こども園の一日

(5) **昼食（お弁当）**

手洗いをして席に着く。「ねえ、一緒に座ろうね」友達同士で約束が交わされている。お当番さんが机をきれいに拭く。お弁当とコップを用意して待っていると、先生が順番にお茶を入れてくれる。さあ、みんなで「いただきます！」今日のお弁当は何かな？きれいに残さず食べようね。「ごちそうさま」の後はお弁当箱を片づけて、歯みがきをしよう。

(6) **自由な遊び（好きな遊び）**

5歳児クラスでは、昼食後に片づけが終わると、廊下で「おばけ屋敷づくり」の続きが始まった。おばけの絵本が好きな子どもたちが自分たちでおばけの手作り絵本や紙芝居を作ったことがきっかけで「おばけ屋敷を作りたい！」と始まった活動だ。「ここお願い！」「ここ持ってるよ」と協力しあう姿がみられる。みんなでアイデアを出し合い、イメージを共有して5月末から7月の「お泊まり保育」の「夜の探検」へと遊びは続いた。

(7) **降園**

「お帰りの支度をしましょう」と先生の言葉で降園準備がはじまった。制服に着替えてかばんをかけ帽子をかぶり、コップとタオル、お便り帳をかばんにしまえば準備完了。「ぼく1番」「ぼく2番」と競争する子どもたち。

準備のできた子どもから、先生と一緒に手遊びをしてみんなを待っている。先生は「今日の紙芝居は何かな？」と言い、みんなが集まると紙芝居をはじめる。先生は今日の活動や明日の活動について話をして、さよならのあいさつ。明日も元気に登園しようね！

迎えに来た母親と帰る子もいれば園バスに乗って帰る子もいる。

※1　預かり保育
預かり保育は、幼稚園における教育課程にかかる教育時間の終了後等に行う教育活動である。教育活動であることから、幼稚園教育の目的および目標と幼稚園教育の基本を踏まえた活動とする必要がある。家庭や地域での幼児の生活も考慮し、教育活動の計画を作成する必要がある（「幼稚園教育要領解説」第1章第7節、第3章参照）。

預かり保育※1を申し込んでいる子どもたちは一部屋に集まって、預かり保育担当の保育者と一緒に保護者が迎えに来るまで過ごす。「ねえちっちゃい組さん、お兄さんがピストルつくってあげる」と、5歳児と3歳児が仲良く遊ぶ姿もみられる。

3 ── 保育内容と援助について―心が動かされる体験―

　幼稚園教育要領によると、保育者が保育を立案するとき「幼児が様々な人やものとの関わりを通して、多様な体験をし、心身の調和のとれた発達を促すようにしていくこと。その際、幼児の発達に即して主体的・対話的で深い学びが実現するようにするとともに、心を動かされる体験が次の活動を生み出すことを考慮し、一つ一つの体験が相互に結び付き、幼稚園生活が充実するようにすること」（第1章第4　3　指導計画の作成の留意事項(2)、傍点は筆者）と述べている。

　子どもたちは園での遊びや生活を通して、多様な体験を重ねていく。たとえば、ままごとや泥団子づくりのような一つの遊びを展開するなかで、幼児によって遊びへのかかわりや感じることなど多様である。しかし、幼児一人一人はその体験活動で心を動かされ、次にはこんなことをやってみたいと願いが生まれ、次の活動を生み出す。そこに幼児の主体的な体験が展開・発展し、経験の広がりと深化が生まれる。そのような体験一つ一つがつながっていき、多様な体験をすることによって、それが交差し関連づいていくなかで学びとなっていく。その学びが生活の基盤となり小学校の教育の基礎となるのである。

　したがって、保育者は幼児が取り組んでみたいと思うような体験（幼児の発達を促すための環境）を計画的に構成・準備し、幼児自らその活動に取り組み「今日は楽しかった！　明日は○○して遊ぼうね」と心が動かされ、充実した思いを感じながら体験を重ねていくことができるように、保育環境を整え、援助していかなければならない。

第2節 ● 保育所の一日

1 ── 保育所とは

　児童福祉法第39条では、「保育所は、保育を必要とする乳児・幼児を日々保護者の下から通わせて保育を行うことを目的とする施設（中略）とする」とし、「前項の規定にかかわらず、特に必要があるときは、保育を必要とするその他の児童を日々保護者の下から通わせて保育することができる」としている。

　保育内容は、保育所保育指針で定められている。保育所の設備・運営基準は、「児童福祉施設の設備及び運営に関する基準」に具体的に規定されている。

　保育時間は、1日につき8時間を原則とする。また、保育士の配置基準は、乳児3人につき1人以上、満1歳以上満3歳に満たない幼児6人につき1人以上、満3歳以上満4歳に満たない幼児20人につき1人以上、満4歳以上の幼児30人につき1人以上となっている。

　1997（平成9）年の児童福祉法一部改正により、保育所入所の手続きの方式が入所措置から選択制へ[※2]と改められた。保育所の機能は、保護者の就労と育児の両立の支援だけでなく、地域の子育て支援の場としての役割も期待されている。

2 ── ある保育所の一日

　ここでは、保育所の一日の活動をみていきながら、これらの活動がどのように保育内容とかかわっているのかを、次項で考えていきたい。

　表1-2（次ページ参照）はある保育所の一日の生活の流れである。ここには、好きな遊びを中心とした保育の一日の流れが示されている。

　この流れに沿って、具体的な保育の内容を次にみていきたい。

※2　入所措置から選択制へ
保育所の入所の仕組みが、役所が入所する保育所を指定する制度（入所措置）から、保護者が保育情報をもとに保育所を選び役所が承諾する制度（選択制）になり、これによって保護者が自由に保育所を選択することができるようになった。

表1-2　ある保育所の一日の生活の流れ

時間	0歳児クラス	1・2歳児クラス	3〜5歳児クラス
7:00	早朝保育・視診 遊び	早朝保育・視診 遊び	早朝保育・視診 遊び
9:00	随時登所・視診 遊び	随時登所・視診 遊び 朝のおやつ 遊び	随時登所・視診 遊び
10:00	睡眠(月齢に応じて) 赤ちゃん体操 授乳・おやつ 遊び		片づけ、体操、当番活動 活動・遊び 　ごっこ遊び・造形遊び 　自然物での遊びゲーム 　体育、リズム遊び 　園庭遊び・散歩など
11:00	離乳食	給食準備・給食	給食準備・給食
12:00	午睡	午睡	午睡 (5歳クラスは、時期をみて徐々になくなる)
13:00			
15:00	検温・授乳・おやつ 遊び 睡眠(個人に応じて)	おやつ 遊び	おやつ・帰りの支度・お話 遊び(好きな遊びをみつけて遊ぶ)
17:00	随時降所	随時降所	随時降所
18:00	延長保育	延長保育	延長保育
19:00	おやつ・遊び	おやつ・遊び	おやつ・遊び

(1) **随時登所(登園)・視診**

　保育所の登所(登園)時間については、保護者の勤務状況で異なる。母親や父親に連れられてくる子どもや、自転車・車で送ってもらう子どもなどさまざまである。保育士は、子どもと保護者にあいさつを交わしながら、家庭での様子を聞くなどして子どもの状態をチェックする。こ

の場で子どもが熱を出していることがわかれば、受け入れないこともある。

第1章●幼稚園・保育所・認定こども園の一日

(2) 身支度

子どもによって様子は異なるが、自分でできる子どもと、親と一緒に身支度をする子どもがいる。まず受付のところにある各クラスの箱に、連絡帳を入れて、タオルをタオル掛けにかけたりコップを出したりする。そして、かばん、帽子などを所定の場所（ロッカー、コート掛けなど）にかけておく。さあこれで遊びの準備完了。

(3) 自由な遊び（好きな遊び）

自分で好きな遊びをみつけて遊ぶ時間。自分だけで絵本をみる子、折り紙を折る子。一目散に外に出かけて友達と追いかけっこをはじめる子。友達と誘い合って昨日の続きのおうちごっこをしている子どももみられる。同じころ、0歳児クラスは、睡眠、授乳の時間の乳児もいる。

保育士は、自由な遊びの援助をしながら、当日の保育の準備も進める。

(4) 片づけ

好きな遊びが楽しければ楽しいほどやりたくないのが片づけである。

「もうお片づけ？」「あーあ」という声が聞こえたら、むしろ楽しく遊んだ証拠である。「だれが一番かな？」「きれいになったね」「お片づけのあとはおたのしみ…」。

保育士は、次の活動に期待をもたせながら、片づけを促す。5歳児は片づけのあとに当番活動をすることもある。

(5) クラスでの活動

　0・1歳児、2歳児、3歳から5歳児のそれぞれのクラスで、年齢、発達に応じた保育が行われる。天気のいい日は近くの公園へ散歩に出かけることが多い。また、製作活動や歌、リズム遊び、運動遊び、簡単な集団遊びなど、クラス全体で行う活動が中心である。

(6) 給食

　子どもたちは、手を洗い席についている。保育士が協力して、手早く配膳を行う。準備が終わると、「いただきます！」で昼食開始。保育士も子どもたちと一緒に同じメニューを食べる。食事中も偏食のある子どもや、箸をうまく使えない子どもなど、個に応じた援助をしている。

　給食の後は、後片づけをして歯みがきをする。

(7) 午睡

　パジャマに着替え、布団を敷いて、午睡の準備をする。子どもたちが寝つくまで、保育士はお話をしたり絵本の読み聞かせをする。子どもたちが眠りについたら、家庭との連絡帳や保育日誌の記入を行う。職員会議を行う場合もあるので、保育士にとっては忙しい時間でもある。なお、

5歳児は就学に向けて、時期をみて徐々に午睡をなくしていく。

(8) おやつ

　子どもたちのおたのしみ、おやつの時間。「今日のおやつは何かなあ」と席についてにこにこしながら出されるおやつを待つ子どもたち。牛乳とビス

第1章 幼稚園・保育所・認定こども園の一日

ケット、果物、おせんべい、カップケーキなどが出される。おやつを食べると「ごちそうさま」をして食器を片づける。「あー、おいしかった」。

(9) 遊び

おやつのあとに、またひと遊びするのが日課である。天気がよければたいていは砂場、固定遊具、ごっこ遊び、三輪車など園庭で遊ぶ姿が多くみられる。こうした好きな遊びのなかで、保育士は安全に気づかい、一人一人の子どもの発育・発達に合わせて援助を行っている。

(10) 随時降所（お迎え）

クラスごとに帰りのあいさつを行う。保護者の就業時間によって迎えに来る時間が異なるが、4時をまわると徐々に迎えが来るので、子どもが少なくなっていく。保育士は、迎えに来た保護者に連絡帳を渡し、その日の子どもの様子を報告する。その際、家庭に帰ってからの保育の助言をすることもある。

(11) 延長保育

5時からは保護者が迎えに来るまで延長して保育を行う。

まだ残っている子どもは一部屋に集まり、保育士が見守るなか、3歳児から5歳児が一緒に遊ぶ。園庭や遊戯室で遊ぶこともある。

保育士は、最後の子のお迎えを見送ってから、明日も子どもたちを笑

顔で迎えるために園内の掃除や片づけをする。

3 ── 保育内容と援助について

保育所保育指針によると、保育の目標を達成するために、保育士等は次の事項に留意して保育しなければならないと示している。

> - 一人一人の子どもの状況や家庭及び地域社会での生活の実態を把握するとともに、子どもが安心感と信頼感をもって活動できるよう、子どもの主体としての思いや願いを受け止めること。
> - 子どもの生活のリズムを大切にし、健康、安全で情緒の安定した生活ができる環境や、自己を十分に発揮できる環境を整えること。
> - 子どもの発達について理解し、一人一人の発達過程に応じて保育すること。その際、子どもの個人差に十分配慮すること。
> - 子ども相互の関係づくりや互いに尊重する心を大切にし、集団における活動を効果あるものにするよう援助すること。
> - 子どもが自発的・意欲的に関われるような環境を構成し、子どもの主体的な活動や子ども相互の関わりを大切にすること。特に、乳幼児期にふさわしい体験が得られるように、生活や遊びを通して総合的に保育すること。
> - 一人一人の保護者の状況やその意向を理解、受容し、それぞれの親子関係や家庭生活等に配慮しながら、さまざまな機会をとらえ、適切に援助すること。

第3節 ● 認定こども園の一日

1 ── 認定こども園とは

認定こども園とは、教育・保育を一体的に行う施設であり、いわば幼稚園と保育所の両方の機能を併せ持っている施設である。2000年代以降、保育所における待機児童問題、幼稚園における定員割れの問題などから「幼保一元化」がうたわれ、統合施設が発足した。その後、2006（平成18）年に「就学前の子どもに関する教育、保育等の総合的な提供の推進に関する法律」（以下、「認定こども園法」）が成立・施行され、「認定こども園」として法定化された。

認定こども園には「幼保連携型」「幼稚園型」「保育所型」「地方裁量型」[※3]の4類型がある。このうち幼保連携型認定こども園については、2015（平成27）年より開始された「子ども・子育て支援新制度」により、学校でもあり児童

※3
幼保連携型：本文参照。
幼稚園型：認可幼稚園が保育所機能を備えて認定。
保育所型：認可保育所が幼稚園機能を備えて認定。
地方裁量型：幼稚園機能と保育所機能を備えた認可外施設が認定。

福祉施設でもある単一の施設※4として新たに認可を受けることになった。

幼保連携型認定こども園教育・保育要領によれば、認定こども園における教育及び保育の基本として「保育教諭等は、園児との信頼関係を十分に築き、（中略）幼児期の教育における見方・考え方を生かし、その活動が豊かに展開されるよう環境を整え、園児と共によりよい教育及び保育の環境を創造するように努めるもの」と規定されている。

子ども・子育て支援新制度では、認定こども園等の施設を利用する際、市町村から利用のための認定を受ける必要がある（1号認定～3号認定：表1－3参照）。認定こども園はどの認定区分の場合でも利用することができ、3歳以上児はどの子どもも教育・保育を一緒に受けられ、3歳未満児は保育を受けることができる。

教育時間では、1号認定、2号認定にかかわらず、同じ環境のなかで一緒に生活したり、自主活動をしたりして過ごす。その後、2号認定児は保育室を変えるなどし、保護者の迎えを担当保育教諭とともに過ごす。なお、1号認定児も家庭の都合によっては預かり保育を利用する場合もあり、その場合も担当保育教諭と保護者の迎えを待つ。

※4 「義務教育及びその後の教育の基礎を培うものとしての満3歳以上の子どもに対する教育並びに保育を必要とする子どもに対する保育を一体的に行い、これらの子どもの健やかな成長が図られるよう適当な環境を与えて、その心身の発達を助長するとともに、保護者に対する子育ての支援を行うことを目的」（認定こども園法第2条第7項）とする施設である。

表1－3 子どもの認定区分と利用できる施設・事業

認定区分[*1]		給付内容 （保育の必要量）	利用できる施設
1号認定 （教育標準時間認定）	満3歳以上の小学校就学前の子どもであって、2号認定以外のもの	教育標準時間[*2] （1日4時間程度）	・幼稚園[*3] ・認定こども園
2号認定 （保育認定）	満3歳以上の小学校就学前の子どもであって、保護者の労働または疾病等、保育を必要とする事由があるもの	保育短時間 （1日最長8時間）	・保育所 ・認定こども園
3号認定 （保育認定）	満3歳未満の小学校就学前の子どもであって、保護者の労働または疾病等、保育を必要とする事由があるもの	保育短時間	・保育所
		保育標準時間 （1日最長11時間）	・認定こども園 ・地域型保育

＊1：それぞれの区分は、子ども・子育て支援法第19条第1項に基づく。
＊2：教育標準時間外の利用については、一時預かり事業等の対象となる。
＊3：新制度に移行しない幼稚園を利用する場合は、認定を受ける必要はない。
出典：喜多一憲監　堀場純矢編『みらい×子どもの福祉ブックス児童家庭福祉』2017年　p.82を一部改変

2 ── ある認定こども園の一日

ここでは、認定こども園の一日の生活の流れをみていきながら、これらの活動がどのように保育内容とかかわっているのかを考えていきたい（表1－4参照）。

表1-4　ある幼保連携型認定こども園の一日の生活の流れ

時間	1号認定児	2号認定児
8：00		登園 早朝保育 　室内での遊び
8：45	登園	
9：00	身の回りの整理 園カリキュラムに基づく活動 　クラス担任が保育・教育計画をもとに、遊びを通して保育を行う。 　　・幼児の主体的な活動 　　・課題のある活動 　　・異年齢児との交流活動　等 片づけ	身の回りの整理 園カリキュラムに基づく活動 　クラス担任が保育・教育計画をもとに、遊びを通して保育を行う。 　　・幼児の主体的な活動 　　・課題のある活動 　　・異年齢児との交流活動　等 片づけ
11：30	給食準備（排泄・手洗い・配膳）	給食準備（排泄・手洗い・配膳）
12：00	給食 片づけ	給食 片づけ
13：00	園カリキュラムに基づく活動 排泄・手洗い	午睡または園カリキュラムに基づく活動 排泄・手洗い
13：30	降園準備（3歳児） 　・お話を聞く・手遊び、絵本等	
14：00	降園 降園準備（4、5歳児） 　・お話を聞く・手遊び、絵本等	降園準備 　・お話を聞く・手遊び、絵本等
14：30	降園（4、5歳児） 預かり保育 　おやつを食べたり、室内や戸外で遊んだりしてゆったり過ごす。	移動 一般延長保育 　おやつを食べたり、室内や戸外で遊んだりしてゆったり過ごす。
16：00	降園 　保護者の仕事状況等に応じて随時降園	随時降園 　保護者の仕事状況等に応じて随時降園
17：30		

注：3号認定児については省略。

(1) **登園**

　認定こども園の登園時間は、1号認定児と2号認定児とで異なる。朝、子どもたちは保護者と一緒に徒歩、自転車、または自家用車で登園してくる。保護者は登園時に体温を記入する。

　【その後は、幼稚園・保育所と同じ】

(2) **身支度**

　保育教諭と朝のあいさつをすませると、出席ノートにシールを貼ったり、連絡帳を決められた場所に提出したりする。そして、自分のロッカーにかばんや帽子を片づける。その後、園服を脱ぎ、きちんとたたみながら、今日は

何をして遊ぼうか、仲良しの友達は登園しているかなどを考えている。

(3) 自由な遊び（好きな遊び）

　入園間もない3歳児のなかには、なかなか自分から遊び出せない子どももいる。そういう子どもに対して保育教諭は、信頼関係づくりをするとともに、身近に遊んだ経験のあるものを配置するなど、環境を整えていく。少しずつ気持ちが安定してくると周りの様子に気持ちが向くようになり、好きな遊びをみつけて活動するようになる。なかには友達の楽しそうな様子をみて、「やりたい」と魚釣りごっこに参加する子どもも出てきた。

　少し汗ばんでくると、子どもたちは砂や水、泥を使った遊びに夢中になる。はじめは汚れを気にする子どももいるが、徐々に泥の感触や水の冷たさを楽しめるようになり、裸足になって遊ぶ姿もみられるようになる。また、友達同士で泥団子の作り方を教え合ったり、一緒に砂山や道路を作ったりするなかで、自分の思いや考えを言葉で伝えようとする姿がみられるようになる。

　5歳児たちはごっこ遊びに必要なものについて、グループに分かれて話し合い、共通のイメージをもちながら協力して作り上げようとする。「ここが動くようにした方がいいよね」「うん、じゃあここをガムテープでとめてみたら」「僕がここを押さえているね」。自分の考えを言葉で表したり、相手の意見にも耳を傾け、折り合いをつけながら遊びを進めていく姿がみられる。

(4) 片づけ
　【幼稚園・保育所と同様】

(5) 給食

　子どもたちは手洗い、うがいをすませ席に着く。今日の当番が各テーブルをきれいに拭き、それがすむと各自で自分の食事を取りに行く。全員がそろったところで「いただきます！」。保育者は、食事中も偏食のある子どもや箸がうまく使えない子どもなど、個々に応じた援助を行う。食後はうがい、手洗いを丁寧に行う。

(6) 自由な遊び（好きな遊び）または午睡

　昼食後、片付けが終わると子どもたちは午前中の遊びの続きをしたり、室内で友達とブロックや粘土遊びをしたりする。時期によっては、5歳児が郵便屋さんになって4歳児・3歳児クラスに手紙を配りに行く「郵便屋さんごっこ」が繰り広げられる。「郵便です！」と声をかけられ、嬉しそうには

がきをもらう3歳児。遊びを通して、異年齢の交流も繰り広げられている。

なお、個々の状況に応じて午睡をする場合もある。

(7) 降園

「お帰りの準備をしましょう」という保育者の言葉を聞いて、降園の準備を行う。子どもは、帽子やかばん、その他の身の回りのものを整えて着席する。次は子どもたちが楽しみに待っている絵本の読み聞かせ。「今日はどんなお話かな？」と目を輝かせ、どの子も絵本や紙芝居に集中する。

読み聞かせの後は、保育者がその日一日の出来事や明日の活動などについて話をし、さようならのあいさつを交わす。子どもたちは迎えにきた母親（父親や祖父母の場合もある）と、徒歩、自転車、または自動車で帰る。

(8) 延長保育（預かり保育）

1号認定児の希望者と2号認定児には、短時間保育児が帰った後も引き続き保育が行われ、保護者が迎えにくるまで一緒に過ごす。保育者に見守られながら一部屋で過ごし、おやつを食べたり保育室や園庭で遊ぶ。

担当保育者は、最後の子どものお迎えを見送ってから、室内の掃除や片づけをし、記録簿に必要事項を記入する。

3 ── 保育内容と援助について

幼保連携型認定こども園教育・保育要領では、「保育教諭等は、園児との信頼関係を十分に築き、園児が自ら安心して身近な環境に主体的に関わり、環境との関わり方や意味に気付き、これらを取り込もうとして、試行錯誤したり、考えたりするようになる幼児期の教育における見方・考え方を生かし、その活動が豊かに展開されるよう環境を整え、園児と共によりよい教育及び保育の環境を創造するように努めるものとする」とされている。さらに、特に配慮すべき事項として下記のような内容が示されている。

- 入園した年齢により集団生活の経験年数が異なる園児がいることに配慮する等、0歳から小学校就学前までの一貫した教育および保育を園児の発達や学びの連続性を考慮して展開していくこと。
- 園児の一日の生活の連続性およびリズムの多様性に配慮するとともに、保護者の生活形態を反映した園児の在園時間の長短、入園時期や登園日数の違いを踏まえ、園児一人一人の状況に応じ、教育および保育の内容やその展開について工夫をすること。

- 環境を通して行う教育および保育の活動の充実を図るため、教育および保育の環境の構成にあたっては、乳幼児期の特性および保護者や地域の実態を踏まえること。
- 生命の保持や情緒の安定を図るなど養護の行き届いた環境の下、教育および保育を展開すること。
- 園児の健康および安全は、園児の生命の保持と健やかな生活の基本であり、幼保連携型認定こども園の生活全体を通して健康や安全に関する管理や指導、食育の推進等に十分留意すること。
- 保護者に対する子育ての支援にあたっては、子どもに対する学校としての教育および児童福祉施設としての保育ならびに保護者に対する子育ての支援について相互に有機的な連携が図られるようにすること。また、保護者が子どもの成長に気づき子育ての喜びが感じられるよう、幼保連携型認定こども園の特性を生かした子育ての支援に努めること。

● 「第1章」学びの確認
①自分の参加した実習園の一日の生活の流れと比較しながら、幼稚園・保育所・認定こども園の一日の流れを整理してみよう。
②幼稚園・保育所・認定こども園の制度の違いについて、表を作ってまとめよう。
③幼稚園・保育所・認定こども園において一日の流れを比較して、異なる点を挙げてみよう。
●発展的な学びへ
①保育内容を考えるとき、「心が動かされる体験」とはどのようなものか、園の一日の生活の流れから活動を1つ選んで、考えてみよう。
②昼食時の保育者の援助や配慮について、「基本的生活習慣の確立」や「食育への関心」「友だちと楽しく食事をすること」を考慮に入れて考えてみよう。

引用文献

1）鶴見大学短期大学部附属三松幼稚園『三松幼稚園の教育と計画』1993年

●○● コラム ●○●

基本的生活習慣の自立に向けて

　幼稚園や保育所、認定こども園での生活において、基本的生活習慣が行えるようになることは、快適な集団生活を送るため必要になるといえる。保育者が、自然体で個人の成長・発達に合わせた援助をすることで、子どもは基本的生活習慣を身につけていくのである。

　園生活のなかで、自立していくいくつかの生活習慣を考えると、その1つに着替えができることが挙げられる。子どもが一人で着替えができない場合は、保育者が手伝い、一人でできたらほめるなどして自分でできるように仕向けていく。身の回りの整理・整頓・片づけ・掃除については、きれいになったときの気持ちよさを感じられるような指導をする。洗面・手洗い・歯みがきなど清潔にかかわることは、外遊びから帰ってきたら必ず手を洗い、うがいをすることなどを習慣づける。排泄については、年齢に応じておまるからトイレの使い方まで、一人でできたらきちんとほめてあげたいものである。また、スプーンや箸の使い方など、食事のマナーも大切である。「いただきます」「ごちそうさま」をきちんと言えるようにするのも基本的生活習慣の1つである。

　これから保育者になることをめざしている学生にとって、生活リズムをきちんと整え、自らの生活習慣を律し、心身ともに健康的な生活を送るようにする心構えをもち、園生活において「まねっこ大好き」な子どもたちの真の見本となるようにしたいものである。

第2章 幼児教育・保育の基本

◆キーポイント◆

2017（平成29）年3月31日、「幼稚園教育要領」「幼保連携型認定こども園教育・保育要領」の改訂、「保育所保育指針」の改定が行われた。

今後、生産年齢人口の減少、グローバル化の進展や絶え間ない技術革新等による予測困難な社会のなかでも、自立した人間として多様な他者と協働しながら創造的に生きていくために必要な資質・能力の育成が求められるなかでの改訂・改定である。こうした時代の変化に対応した教育・保育の目指すべきものを理解する上で、その根底にある幼児教育・保育が長年にわたり重視してきた基本を踏まえておくことは重要なことである。

ここでは、その基本に立ち返り再確認するとともに、改訂・改定の理念を明らかにしておきたい。

第1節 ● 幼児教育・保育の基本

1 ── 環境を通して行う教育・保育

(1) 幼児期の「見方・考え方」を生かした教育環境の創造

幼児教育は「環境を通して行う教育・保育」を基本としている。それは、幼児期は自分の興味や関心に基づいた直接的・具体的な体験のなかで、全身の諸感覚を通してさまざまなことを学んでいく時期だからである。環境のなかに教育的な価値を含ませながら、幼児が自ら興味や関心をもって環境に取り組み、試行錯誤を経て、環境へのふさわしいかかわり方を身につけていくことを意図している。それは、幼児の環境との主体的なかかわりを大切にしたものであり、幼児の視点から見ると、自由感にあふれる教育・保育である。この自由な雰囲気があるからこそ、幼児は自ら環境に働きかけ、心動かされる体験を重ね、自分なりに環境とのかかわり方や意味に気づき、自分の遊びや生活に取り込もうとして諸感覚を働かせながら試行錯誤したり、思いを巡らせたりすることができるのである。この過程で、幼児は、人やものに対す

る「見方・考え方」を広げ豊かにしていく。この過程そのものが幼児期の学びの姿であり、やがてそれは小学校以降の各教科等における「見方・考え方」の基礎ともなっていくものである。

　保育者は幼児との信頼関係を十分に築き、この幼児期の教育における見方・考え方を生かし、幼児とともによりよい教育環境を創造するよう努めなければならない。

(2)　教材を工夫して、物的・空間的な環境の構成をする

　環境を通して行う幼児期の教育・保育においては、幼児が自発的に取り組む遊びを中心とした幼児期にふさわしい生活を保障することが重要である。そのために、保育者は幼児の行動の理解と予想に基づき計画的に環境の構成を行わなければならない。さらに、幼児と人やものとのかかわりが重要であることを踏まえ、物的・空間的環境を構成しなければならない。そして、幼児一人一人の活動の場面に応じて、保育者はさまざまな役割を果たし、その活動を豊かにしなければならない。

　物的・空間的な環境を構成するには「教材を工夫する」ことが必要である。それは、(1)で述べた幼児教育の「見方・考え方」を豊かで確かなものとし、幼児期の質の高い学びとしていくこととかかわっている。

　幼児教育は、教科書のような主たる教材を用いるのではなく体を通して体験的に学ぶことを大切にしている。そのため、幼児が主体的に活動を展開できるかどうかは、保育者の環境の構成にかかっており、日常的に教材を研究することは極めて重要である。また、継続的な教材研究により教材の質が高まることは、幼児の「見方・考え方」をも豊かで確かなものとすることができる。このため、幼児の発達に即して、幼児の経験に必要な遊具や用具、素材等の検討・選択および環境の構成の仕方など、日々の継続的な教材研究が必要である。

　たとえば、幼児が自分の遊びに必要なものをつくろうとする際、そのイメージが実現できるような材料を選んだり、切ったり貼ったりして働きかける。さらに、5歳児ともなれば、より本物らしく表現するために必要な材質や表現方法等にもこだわるであろう。そのために必要な用具や道具も求める。保育者は幼児の「見方・考え方」に立った環境を見通し、どのようなものが必要なのか、幼児だったらどのように感じたり考えたり試したりするであろうかと予想した教材の準備、日々の教材の研究が不可欠である。

2 ── 幼児教育の基本において重視する事項

(1) 幼児期にふさわしい教育・保育の展開

　環境を構成する際、幼児が思わずやってみたくなるような状況をつくることが重要である。そのためには、安心して取り組める状況、つまり保育者との信頼関係に支えられた生活を前提に、幼児の興味や関心に基づいた直接的な体験が得られること、友達と十分にかかわって展開できることが必要である。

(2) 遊びを通した総合的な指導

　幼児の自発的な活動としての遊びは、心身の調和のとれた発達の基礎を培う重要な学習である。一つの遊びに夢中になり集中して取り組む過程で、幼児は心身全体を働かせておもしろさや楽しさを追求しながら、ものの仕組みや人との関係性、ことがらなどのもつ意味などを捉えていく。つまり、遊びを通して発達に必要な体験を積み重ねていくのである。そのため、遊びを通しての総合的な指導が重要である。

(3) 幼児一人一人に応じた指導

　幼児期は発達の個人差の大きい時期であるため、幼児一人一人の発達の課題も違う。また、幼児一人一人の育ってきた環境や経験の違いにより、「見方・考え方」もさまざまである。しかし、その言動にはすべてに意味があり、その理解に基づいた指導が重要である。

第2節 ● 幼児期に育みたい資質・能力

1 ── 幼児期に育みたい3つの資質・能力とは

　2017（平成29）年3月に告示された「幼稚園教育要領」「保育所保育指針」「幼保連携型認定こども園教育・保育要領」では、生きる力の基礎となる「幼児期に育みたい資質・能力」として次の3つが示された。

> (1) 豊かな体験を通じて、感じたり、気付いたり、分かったり、できるようになったりする「知識・技能の基礎」
> (2) 気付いたことや、できるようになったことなどを使い、考えたり、試したり、工夫したり、表現したりする「思考力・判断力・表現力等の基礎」
> (3) 心情、意欲、態度が育つ中で、よりよい生活を営もうとする「学びに向かう力・人間性等」

　この3つの資質・能力が、どうして今、幼児教育において示されることになったのか。これを知るためには、幼稚園教育要領において新しく掲げられた「前文」について理解する必要がある。

　前文には、幼稚園が「学校教育の始まり」としての役割を担う上で必要な学校教育のめざす理念が示されている。

　「保育所保育指針」「幼保連携型認定こども園教育・保育要領」には、このような前文はないが、幼児期の教育を担っているのは、幼稚園だけではない。保育所においても、認定こども園においても、小学校教育の生活や基盤となる教育を行っている。さらに2015（平成27）年4月発足の「子ども・子育て支援新制度」[※1]でも、幼児期の教育を担う施設全体の教育の質の確保が求められた。そのため、この前文に示された理念については、幼稚園のみならず、全ての幼児教育施設において理解しておかなければならないことといえる。

※1　子ども・子育て支援新制度
下記コラム参照。

●○●　コラム　●○●

「子ども・子育て支援新制度」の概要

　2015（平成27）年、子ども・子育て関連3法に基づき、「子ども・子育て支援新制度」が実施された。以下に、その概要を示す。より詳細な内容は、「子ども家庭福祉」などの科目で学んでほしい。

◆制度創設の背景・趣旨
○核家族化の進展、地域のつながりの希薄化、共働き家庭の増加、兄弟姉妹の数の減少など子育て家庭や子どもの育ちをめぐる環境が大きく変化。
○子どもや子育て家庭の置かれた状況や地域の実情を踏まえ、国や地域を挙げて、子ども・子育てへの支援を強化する必要。
→　子どもの年齢や親の就労状況などに応じた多様かつ質の高い支援を実現するため、消費税財源も活用して、幼児期の学校教育・保育、地域の子ども・子育て支援を総合的に推進。

◆主なポイント
① 認定こども園、幼稚園、保育所を通じた共通の給付（「施設型給付」）及び小規模保育等への給付（「地域型保育給付」）の創設
　・各施設がこれまでの経験を踏まえながら、より充実した活動ができるよう支援。地域型保育給付は、都市部における待機児童解消とともに、子どもの数が減少傾向にある地域における保育機能の確保に対応
② 認定こども園制度の改善（幼保連携型認定こども園の改善等）
　・幼保連携型認定こども園の認可・指導監督を一本化（学校および児童福祉施設としての位置づけ）
③ 「地域子ども・子育て支援事業」の創設（地域子育て支援拠点、一時預かり等）
　・地域の実情に応じて、柔軟に選択が可能な13の支援メニューを設定
④ **市町村が実施主体**
　・住民に最も身近な市町村が、地域のニーズに基づき計画を策定、給付・事業を実施
　・国・都道府県は、実施主体の市町村を重層的に支える。

市町村主体		国主体
認定こども園・幼稚園・保育所・小規模保育など共通の財政支援	地域の実情に応じた子育て支援	仕事と子育ての両立支援
施設型給付 　認定こども園 0～5歳 　　幼保連携型 　　※幼保連携型については、認可・指導監督の一本化、学校及び児童福祉施設としての法的位置づけを与える等制度改善を実施 　　幼稚園型／保育所型／地方裁量型 　幼稚園 3～5歳／保育所 0～5歳 　※私立保育所については、児童福祉法第24条により市町村が保育の実施義務を担うことに基づく措置として、委託費を支弁 **地域型保育給付** 　小規模保育、家庭的保育、居宅訪問型保育、事業所内保育	**地域子ども・子育て支援事業** ・利用者支援事業 ・地域子育て支援拠点事業 ・一時預かり事業 ・乳児家庭全戸訪問事業 ・養育支援訪問事業等 ・子育て短期支援事業 ・子育て援助活動支援事業（ファミリー・サポート・センター事業） ・延長保育事業 ・病児保育事業 ・放課後児童クラブ ・妊婦健診 ・実費徴収に係る補足給付を行う事業 ・多様な事業者の参入促進・能力活用事業	**仕事・子育て両立支援事業** ・企業主導型保育事業 ⇒事業所内保育を主軸とした企業主導型の多様な就労形態に対応した保育サービスの拡大を支援（整備費、運営費の助成） ・ベビーシッター等利用者支援事業 ⇒残業や夜勤等の多様な働き方をしている労働者等が、低廉な価格でベビーシッター派遣サービスを利用できるよう支援

図2-1　子ども・子育て支援新制度の概要

出典：内閣府「子ども・子育て支援新制度について（平成29年6月）」2017年　p.6

2 ── 「学習指導要領」「幼稚園教育要領」改訂の基本理念

　「学習指導要領」等は、社会の変化や子どもを取り巻く環境の変化に伴い、ほぼ10年ごとに改訂をしている。「幼稚園教育要領」についても同様に改訂を行ってきた。学校教育の基本となる不易な（いつまでも変わらない）部分は維持しつつ、次期「学習指導要領等」施行後10年先の社会の動きを見据え、そこに立ち向かう子どもたちの教育のあり方を考え、その教育の根幹となる教育課程の改訂をしてきている。では、2017（平成29）年に告示された改訂では、どのような社会を予測したのか。そして、その変化に対応した基本方針はどのようなことだろうか。

　生産年齢人口の減少、グローバル化の進展や絶え間ない技術革新等により、今後、社会や職業のあり方そのものも大きく変化していくことが予想される。特に人工知能等が飛躍的に進化していくなか、社会がどのように変化していくのか、将来の予測が難しい状況にある。

　では、そのような予測もつかないような社会で生きる子どもたちにはどのようなことを身につけておく必要があるのか。そして、学校教育のあり方としてどのようなことが重要なのか。2016（平成28）年12月、中央教育審議会から取りまとめられた答申「幼稚園、小学校、中学校、高等学校及び特別支援学校の学習指導要領等の改善及び必要な方策について」（以下、「答申」）では、「今後、急激な社会の変化に対応するには、伝統や文化に立脚した広い視野を持ち、志高く未来を創り出していくために必要な資質・能力を子どもたち一人一人に確実に育むこと、これまでも学校教育において大事にしてきた『生きる力を育む』という理念を、さらに社会において自立的に生きるために必要な資質・能力として具体化する必要がある」としている。また、「今回の改訂では、よりよい学校教育を通じてよりよい社会を創るという目標を学校と社会が共有し、連携・協働しながら、新しい時代に求められる資質・能力を子どもたちに育む『社会に開かれた教育課程』の実現を目指そう」としている。さらに、「学習指導要領」等が、学校や家庭・地域等、関係者の創意工夫のもと、子どもの質の高い学びを引き出すことができるよう、学校教育を通じて子どもが身につけるべき資質・能力や学ぶべき内容などの全体像をわかりやすく見渡せる「学びの地図」としての役割を果たすことをめざしている。

　それでは、「生きる力」とは何なのか。そのことを以下の資質・能力の3つの柱に沿って具体化し、そのために必要な教育課程の枠組みを再整理した。

> ① 生きて働く「知識・技能」の習得
>   発達の段階に応じた生活の範囲や領域に関わる物事について理解し、生活や学習に必要な技能を身につけるようにする。
> ② 未知の状況にも対応できる「思考力・判断力・表現力等」の育成
>   情報をとらえて・多角的に精査したり、問題を見いだし他者と協働しながら解決したり、自分の考えを形成し伝え合ったり、思いや考えをもとに創造したりするために必要な思考力・判断力・表現力等を育成する。
> ③ 学びを人生や社会に生かそうとする「学びに向かう力・人間性」の涵養
>   伝統や文化に立脚した広い視野をもち、感性を豊かに働かせながら、よりよい社会や人生のあり方について考え、学んだことを主体的に生かしながら、多様な人々と協働して新たな価値を創造していこうとする学びに向かう力や人間性を涵養する。

　この育成すべき資質・能力は、幼児教育から高等学校までを通じ見通しをもって、各学校段階の教育課程において何を身につけ、それを次の学校段階にどのようにつないでいくのかということが系統的に示されることが求められている。幼児教育は、幼稚園のみならず保育所、認定こども園等でも行われていることから、すべての幼児教育施設において、小学校教育の生活や学習の基盤を育成する上で「幼児期に育みたい資質・能力」を共通してとらえておく必要がある。

3 ── 「幼稚園教育要領」等における基本的な方向性

　それでは、こうした基本理念に基づき、幼児教育において資質・能力をどのようにとらえるとよいか、考えていきたい。

　答申では幼児教育においては、「幼児期の特性から、この時期に育みたい資質・能力は、小学校以降のような、いわゆる教科指導で育むのではなく、幼児の自発的な活動である遊びや生活の中で、感性を働かせてよさや美しさを感じ取ったり、不思議さに気付いたり、できるようになったことなどを使いながら、試したり、いろいろな方法を工夫したりすることなどを通じて育むことが重要」と示されている。

　そして、「幼稚園教育要領」等では、幼児教育の特質を踏まえ、資質・能力を前述のように整理された。

　これらの幼児教育において育みたい資質・能力は、生きる力の基礎を育むために、幼児教育の基本を踏まえ、一体的に育むよう努めるものであり、5つの領域[※2]のねらい及び内容に基づく活動全体によって育むものとしている。

　「知識・技能の基礎」と示されると、これまで幼児教育において重視してきた「心情・意欲・態度など」が軽視され、「知識や技能」を教えなければ

※2　5領域
心身の健康に関する領域「健康」、人との関わりに関する領域「人間関係」、身近な環境との関わりに関する領域「環境」、言葉の獲得に関する領域「言葉」、および感性と表現に関する領域「表現」。

ならないことと懸念を抱くかもしれない。しかし、答申に示されたように、この資質・能力は個々に培われるものでも、保育者が幼児に一方的に教え込むものでもない。これまでの幼児教育が大事にしてきた「環境を通して行う教育・保育」を基本に、そして重視してきた「遊びを通しての総合的な指導」を行うなかで、資質・能力の3つの柱を絡み合わせて育むことが重要としている。

　ただし、幼児は、この3つの柱に示されたことを目的にして遊んでいるわけではない。幼児にとっては、活動や遊びに没頭して取り組んでいるという姿であり、保育者がその幼児の姿を深く読み取ってみると、3つの柱が絡み合って総合的に発揮されていることがとらえられるということである。幼児が没頭して遊んでいるからこそ、この資質・能力をとらえることができると考えられる。それだけに幼児の遊びの充実に向け、いかに保育者が幼児期の「見方・考え方」を生かし、幼児とともに教育環境を創造できるかが重要なことなのである。

第3節　● 幼児期の終わりまでに育ってほしい姿

　幼稚園教育要領等の改訂・改定においては、幼児期に育成すべき資質・能力の明確化を図るなかで、幼児教育と小学校教育の円滑な接続のため「幼児期の終わりまでに育ってほしい姿」を明らかにし、幼児教育の学びの成果が小学校と共有されるよう工夫し、改善を図ることが求められた。

　表2-1は、幼稚園教育要領から抜粋したため、「幼稚園」「教師」「幼児」とあるが、保育所保育指針では、「保育所」「保育士」「子ども」、幼保連携型認定こども園教育・保育要領においては、「幼保連携型認定こども園」「保育教諭」「園児」となり、内容については同じである。

　これらは、各項目の文末からわかるように「〜になる」という幼児の姿で表されている。幼児の行動は結果や成果のみで評価されるものではなく、この方向に向かってどれだけ幼児にとって意味のある体験を積み重ねたかが重要なことである。効率よく、この姿に至ることが大切なのではなく、幼児一人一人が自分の足で踏み固めながらこの姿に向かっていくことが重要なことである。もちろん、幼児にとって「楽しい」「おもしろい」などの体験が土台としてまず必要であるが、時には戸惑いや葛藤といった一見マイナスに見える体験も、保育者や友達の力を支えに乗り越えていくことができれば、幼児

にとっては意味のある体験になる。葛藤することは、自分なりのこだわりがあってのことである場合が多い。そのこだわりを周りの幼児との間で折り合いをつけていく過程、自分なりの目的に向かって粘り強く取り組む過程など、さまざまな感情の伴った体験を積み重ねていく過程を経て、この「育ってほしい姿」になることが重要なことである。

表2-1　幼児期の終わりまでに育ってほしい姿

(1) 健康な心と体
　幼稚園生活の中で、充実感をもって自分のやりたいことに向かって心と体を十分に働かせ、見通しをもって行動し、自ら健康で安全な生活をつくり出すようになる。
(2) 自立心
　身近な環境に主体的に関わりさまざまな活動を楽しむ中で、しなければならないことを自覚し、自分の力で行うために考えたり、工夫したりしながら、諦めずにやり遂げることで達成感を味わい、自信をもって行動するようになる。
(3) 協同性
　友達と関わる中で、互いの思いや考えなどを共有し、共通の目的の実現に向けて、考えたり、工夫したり、協力したりし、充実感をもってやり遂げるようになる。
(4) 道徳性・規範意識の芽生え
　友達とさまざまな体験を重ねる中で、してよいことや悪いことが分かり、自分の行動を振り返ったり、友達の気持ちに共感したりし、相手の立場に立って行動するようになる。また、きまりを守る必要性が分かり、自分の気持ちを調整し、友達と折り合いを付けながら、きまりをつくったり、守ったりするようになる。
(5) 社会生活との関わり
　家族を大切にしようとする気持ちをもつとともに、地域の身近な人と触れ合う中で、人とのさまざまな関わり方に気付き、相手の気持ちを考えて関わり、自分が役に立つ喜びを感じ、地域に親しみをもつようになる。また、幼稚園内外のさまざまな環境に関わる中で、遊びや生活に必要な情報を取り入れ、情報に基づき判断したり、情報を伝え合ったり、活用したりするなど、情報を役立てながら活動するようになるとともに、公共の施設を大切に利用するなどして、社会とのつながりなどを意識するようになる。
(6) 思考力の芽生え
　身近な事象に積極的に関わる中で、物の性質や仕組みなどを感じ取ったり、気付いたりし、考えたり、予想したり、工夫したりするなど、多様な関わりを楽しむようになる。また、友達のさまざまな考えに触れる中で、自分と異なる考えがあることに気付き、自ら判断したり、考え直したりするなど、新しい考えを生み出す喜びを味わいながら、自分の考えをよりよいものにするようになる。
(7) 自然との関わり・生命尊重
　自然に触れて感動する体験を通して、自然の変化などを感じ取り、好奇心や探究心をもって考え言葉などで表現しながら、身近な事象への関心が高まるとともに、自然への愛情や畏敬の念をもつようになる。また、身近な動植物に心を動かされる中で、生命の不思議さや尊さに気付き、身近な動植物への接し方を考え、命あるものとしていたわり、大切にする気持ちをもって関わるようになる。
(8) 数量や図形、標識や文字などへの関心・感覚
　遊びや生活の中で、数量や図形、標識や文字などに親しむ体験を重ねたり、標識や文字の役割に気付いたりし、自らの必要感に基づきこれらを活用し、興味や関心、感覚をもつようになる。
(9) 言葉による伝え合い
　先生や友達と心を通わせる中で、絵本や物語などに親しみながら、豊かな言葉や表現を身に付け、経験したことや考えたことなどを言葉で伝えたり、相手の話を注意して聞いたりし、言葉による伝え合いを楽しむようになる。
(10) 豊かな感性と表現
　心を動かす出来事などに触れ感性を働かせる中で、さまざまな素材の特徴や表現の仕方などに気付き、感じたことや考えたことを自分で表現したり、友達同士で表現する過程を楽しんだりし、表現する喜びを味わい、意欲をもつようになる。

そして、記述の最初には、たとえば「幼稚園生活の中で」というように「○○の中で」と記されている。こうした「幼児期の終わりまでに育ってほしい姿」は5歳児になって特別な時間を設けて育てる姿ではない。5領域のねらい及び内容に基づいて、幼児期にふさわしい遊びや生活を積み重ねることにより、幼児教育で育みたい資質・能力が育まれている幼児の幼稚園修了時の具体的な姿（保育所保育指針では、「子どもの小学校就学時の具体的な姿」）である。
　これらは決して到達目標でも、評価の基準やその物差し、チェックリストでもない。こうした姿を教職員が共通理解して、幼児一人一人の発達に必要な体験が得られるような状況をつくったり、適切な援助を行ったりするなど、指導を行う際に考慮するものである。
　そして、それぞれの項目は個別に取り出して指導するものではない。それは、幼児教育がもとより「環境を通して行うもの」であり、とりわけ幼児の自発的な活動としての遊びを通して、これらの姿が育っていくことに留意する必要があるからである。
　そして、「幼児期の終わりまでに育ってほしい姿」は、5歳児だけでなく、3歳児、4歳児においても、これを念頭に置きながら5領域にわたって指導が行われることが望まれる。その際、3歳児、4歳児それぞれの時期にふさわしい指導の積み重ねが、この「幼児期の終わりまでに育ってほしい姿」につながっていくことに留意する必要がある。また、この姿は、5歳児後半の評価の手立てともなるものであり、幼稚園等と小学校の教員がもつ5歳児修了時の姿が共有化されることにより、幼児教育と小学校教育との接続の一層の強化が図られることが期待できる。
　さらに小学校学習指導要領においても、各教科等の指導計画を作成する際、低学年においては、この「幼児期の終わりまでに育ってほしい姿」との関連を考慮する必要のあることが示されている。生活科を中心としたスタートカリキュラムのなかで、合科的・関連的な指導や短時間での学習など、授業時間や指導の工夫、環境構成等の工夫を行うとともに、子どもの生活の流れのなかで、幼児期の終わりまでに育った姿が発揮できるような工夫を行いながら、幼児期に育まれた「見方・考え方」や資質・能力を徐々に各教科等の特質に応じた学びにつなげていく必要がある。

●「第2章」学びの確認
①幼稚園・保育所等を参観し、具体的にどのような環境が構成されているか、また、子どもの遊びに応じてどのように再構成されているか、考えてみよう。
②幼児の遊びの姿を観察し、幼児期の終わりまでに育ってほしい姿の10項目がどのように潜んでいるのか、読み取ってみよう。
●発展的な学びへ
①幼児期に育みたい資質・能力の3つの柱を一体的に培うとはどのようなことか、具体的な場面を通して捉えてみよう。
②「幼児期の終わりまでに育ってほしい姿」が小学校教育にどのようにつながるのか考えてみよう。

引用文献

1）中央教育審議会「幼稚園、小学校、中学校、高等学校及び特別支援学校の学習指導要領等の改善及び必要な方策について」(答申) 2016年

参考文献

内閣府・文部科学省・厚生労働省「幼保連携型認定こども園教育・保育要領、幼稚園教育要領及び保育所保育指針の中央説明会(幼稚園関係資料)」2017年7月

●○● コラム ●○●

「自発的な活動としての遊び」が実現できているか

　遊びといっても、幼児教育施設においてはさまざまな形態で行われている。そのなかで一般的にいわれているものに「自由遊び」があるが、施設によっては、送迎バスの待ち時間に行うこともある。その場合、遊具や場の選択の余地のない毎日同じ状況の環境での遊びであったり、音楽が鳴ったら終わりという約束があったり、見本と同じものをつくる材料しかなかったりと、条件が発生することがある。この「自由遊び」の「自由」とは何であろう。

　「自由遊び」と区別して、「学級全体での活動」で行われる遊びがある。学級の全員で同じ活動をするひとときであるが、その活動が日頃の幼児の興味や関心に基づいた、幼児のさまざまな発想や友達との気持ちのつながりを生かした、幼児にとって「自由感あふれる遊び」となる場合もある。

　また、「学級全体での活動」は「主活動」と表現される場合もある。保育者が本日のねらいに沿って主に指導する活動としての意味であろうが、はたして「幼児にとっての主活動」とは何だろう。幼児一人一人にとって、一日のなかで心を動かしワクワクするような瞬間は一人一人違うものであるはずである。

　「自発的な活動としての遊び」とは、決して形態や活動名を指しているものではない。幼児が自らの発想を生かし、遊具や材料等を選んだり、友達と気持ちを通わせたり、うまくいかないことがあっても保育者や友達の支えを得ながら乗り越えたり、没頭して取り組むなかで心がさまざまに揺さぶられる活動としての遊びであろう。まさに「生きる力の基礎」を培うことのできる遊びである。そのためには、保育者による幼児の行動の理解と予想に基づいた、計画的・組織的な環境の構成と、保育者のさまざまな援助が必要である。幼稚園教育要領等の改訂・改定を機会に「自発的な活動としての遊び」の本来の意味を考えておきたいものである。

第3章 保育内容の国家的基準

◆キーポイント◆

この章では、現在、多くの子どもが最初に通う施設である、幼稚園・保育所・幼保連携型認定こども園の目的や目標についての法的な規定を踏まえつつ、幼稚園・保育所・幼保連携型認定こども園の教育や保育の国家的基準となっている、「幼稚園教育要領」「保育所保育指針」「幼保連携型認定こども園教育・保育要領」に、どのようなことが規定されているのか概要を理解する。また近年、世界的に質向上がうたわれ、またわが国でもニーズが高まっている幼児教育や保育の動向に伴い、これらの要領・指針が2017（平成29）年3月に改訂・改定されたポイントについて理解する。

第1節 ● 幼稚園教育要領と保育内容

1 ── 幼稚園教育要領の役割

(1) 幼稚園とは

わが国の幼稚園は、学校教育法第1条に定められた「学校」の一つである（通称「1条校」）。子どもが生まれて初めて通う「学校」が幼稚園である。ただし、義務教育ではないため、幼稚園に入園しない子どももいる。複数の幼稚園を訪れると気づくだろうが、自由遊びを主とした幼稚園、ある宗教に基づいて行事や一日の流れが組まれている幼稚園、特殊な教材を用いている幼稚園、小学校での学びを意識した活動を取り入れている幼稚園など、幼稚園での教育は多様である。小学校以降の教育と異なり、「教科書」がないため、このように多様に展開されるのが幼稚園教育である。

しかし学校教育法では幼稚園について次のように定めている。まず目的として、「幼稚園は、義務教育及びその後の教育の基礎を培うものとして、幼児を保育し、幼児の健やかな成長のために適当な環境を与えて、その心身の発達を助長することを目的とする」（第22条）。この目的の下、後述する5領域のねらいにつながる目標が定められている（第23条）。さらに幼稚園には、幼児教育のほかに家庭および地域における幼児期の教育を支援する役割を果たすものとされている（第24条）。そうしてそこに通う子どもの年齢を「満3歳

から、小学校就学の始期に達するまで」(第26条) とし、そのために置くべき人材 (園長、教頭および教諭)、置くことのできる人材 (副園長、主幹教諭、指導教諭、養護教諭、栄養教諭、事務職員、養護助教諭、その他必要な職員) を定めている。

(2) 幼稚園教育要領

上述したように、学校教育法で目的・目標の定められている幼稚園は、無意図的にまた無計画に教育をすることはできない。幼稚園教育要領は、学校教育法施行規則に定められ、文部科学大臣によって告示される、幼稚園の教育課程やその他の保育内容に関する国家的基準である。

学校教育法
第25条　幼稚園の教育課程その他の保育内容に関する事項は、第22条及び第23条の規定に従い、文部科学大臣が定める。

学校教育法施行規則
第38条　幼稚園の教育課程その他の保育内容については、この章に定めるもののほか、教育課程その他の保育内容の基準として文部科学大臣が別に公示する幼稚園教育要領によるものとする。

---

2 ── 幼稚園教育要領の概要

幼稚園教育要領
前文
第1章　総則
　第1　幼稚園教育の基本
　第2　幼稚園教育において育みたい資質・能力及び「幼児期の終わりまでに育ってほしい姿」
　第3　教育課程の役割と編成等
　第4　指導計画の作成と幼児理解に基づいた評価
　第5　特別な配慮を必要とする幼児への指導
　第6　幼稚園運営上の留意事項
　第7　教育課程に係る教育時間終了後等に行う教育活動など
第2章　ねらい及び内容
第3章　教育課程に係る教育時間の終了後等に行う教育活動などの留意事項

幼稚園教育要領は、「前文」「第1章　総則」「第2章　ねらい及び内容」「第3章　教育課程に係る教育時間の終了後等に行う教育活動などの留意事項」で構成されている。

第2章は、いわゆる5領域 (健康・人間関係・環境・言葉・表現) それぞ

れの「ねらい」および「内容」を示している。「ねらい」とは「幼稚園教育において育みたい資質・能力を幼児の生活する姿から捉えたもの」「幼稚園における生活全体を通じ、幼児が様々な体験を積み重ねる中で相互に関連をもちながら次第に達成に向かうもの」である。また「内容」とは、この「ねらいを達成するために指導する事項」「幼児が環境に関わって展開する具体的な活動を通して総合的に指導されるもの」である。「内容」の後に付された「内容の取扱い」は、「幼児の発達を踏まえた指導を行うに当たって留意すべき事項」である。

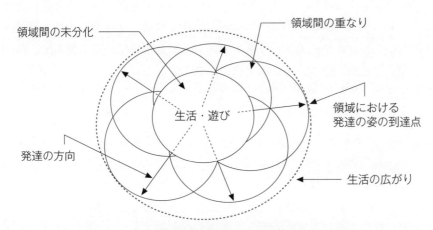

図3-1　幼稚園教育要領における領域のイメージ図
出典：阿部和子・前原寛・久富陽子『新保育内容総論―保育の構造と実践の探求―』萌文書林
2010年　p.17

3 ── 幼稚園教育要領の改訂のポイント

　幼稚園教育要領は、1956（昭和31）年に刊行され、1964（同39）年から告示となり、2017（平成29）年に第5次の改訂がなされた。第5次改訂の趣旨については、2016（同28）年に出された中央教育審議会答申「幼稚園、小学校、中学校、高等学校及び特別支援学校の学習指導要領等の改善及び必要な方策等について（答申）【概要】」で次のように示されている[1]。

- 幼児教育で育みたい資質・能力として、「知識・技能の基礎」、「思考力・判断力・表現力等の基礎」、「学びに向かう力、人間性等」の三つを、現行の幼稚園教育要領〔2008（平成20年）版：引用者註〕等の5領域（「健康」、「人間関係」、「環境」、「言葉」、「表現」）を踏まえて、遊びを通しての総合的な指導により一体的に育む。
- また、5歳児修了時までに育ってほしい具体的な姿（「健康な心と体」「自立心」「協同性」「道徳性・規範意識の芽生え」「社会生活との関わり」「思考力の芽生え」「自然との関わり・生命尊重」「数量・図形、文字等への関心・感覚」「言葉による伝え合い」

> 「豊かな感性と表現」）を明確にし、幼児教育の学びの成果が小学校と共有されるよう工夫・改善を行う。
> ・自己制御や自尊心などのいわゆる非認知的能力の育成など、現代的な課題を踏まえた教育内容の見直しを図るとともに、預かり保育や子育ての支援を充実する。

　このように、幼稚園は小学校以降の学校教育で育む能力・資質の基礎を培う場であり、幼児期は社会情動的スキルや非認知的能力と呼ばれる特性を育むべき時期である。2017（平成29）年に告示された改訂は、これまでも示されてきた環境を通しての教育、幼児の自発的な活動としての遊びを通しての指導について「主体的・対話的で深い学び（アクティブ・ラーニング）」が実現するよう、小学校以降の学びを見通し、より計画的・組織的に実践・評価・改善すること（カリキュラム・マネジメント）を求めている。他方で、障害のある子どもや、日本語・日本文化になじんでいない子どもへの配慮、また、預かり保育や子育て支援の役割など現代的な課題への対応も求めている。

　新たに示された「幼児期の終わりまでに育ってほしい姿」（いわゆる「10の姿」）[※1]は、「資質・能力が育まれている幼児の幼稚園修了時の具体的な姿」であり、第2章に示された5領域の「ねらい」に反映され、「内容」に示された活動のなかで育つものとして、指導を行う際に考慮するものとされている。すなわち5領域に示されたねらい及び内容をもとに保育を行い、10の姿を確認しながら保育を見直すことが求められている。

　これに伴い、各領域は次のように改められた。まず「健康」は、10の姿のうち「健康な心と体」「自立心」「思考力の芽生え」を反映させた部分、また食育につながる部分が加筆された。「人間関係」では「協同性」を反映させ、友達と工夫したり協力したりすることが強調された。また「環境」では「自分なりに比べたり、関連付けたりしながら」「自分の考えをよりよいものにしようとする」ことなど、「思考力」を反映した追記がなされた。また「社会生活との関わり」を反映し、内容の取扱いとして「正月や節句など我が国の伝統的な行事、国歌、唱歌、わらべうたやわが国の伝統的な遊びに親しんだり、異なる文化に触れる活動に親しんだりすることを通じて、社会とのつながりの意識や国際理解の意識の芽生えなどが養われるようにすること」が新たに加えられた。「言葉」は、言葉のもつ響きやリズム、新しい言葉や表現などに触れ、使う楽しさを味わい、絵本・物語・葉遊びを通して言葉を豊かにすることが加わった。最後に「表現」は、「自然のなかにある音、形、色などに気付くこと」や「様々な素材や表現の仕方に親し」み、表現する過程を大切にして自己表現を楽しめるように工夫することがめざされている。

※1　第2章参照。

第2節 ● 保育所保育指針と保育内容

1 ── 保育所保育指針の役割

(1) 保育所とは

　保育所は、児童福祉法に「保育を必要とする乳児・幼児を日々保護者の下から通わせて保育を行うことを目的とする施設」(第39条) と規定された、児童福祉施設の一つである。

(2) 保育所保育指針の役割

　「児童福祉施設の設備及び運営に関する基準」第35条に「保育所における保育は、養護及び教育を一体的に行うことをその特性とし、その内容については、厚生労働大臣が定める指針に従う」と規定されており、保育所保育指針は、この指針にあたるものである。保育所保育指針では、保育所における保育の内容や、これに関連する運営について定めている。

2 ── 保育所保育指針の概要

```
保育所保育指針
第1章　総則
　1　保育所保育に関する基本原則
　2　養護に関する基本的事項
　3　保育の計画及び評価
　4　幼児教育を行う施設として共有すべき事項
第2章　保育の内容
　1　乳児保育に関わるねらい及び内容
　2　1歳以上3歳未満児の保育に関わるねらい及び内容
　3　3歳以上児の保育に関するねらい及び内容
　4　保育の実施に関して留意すべき事項
第3章　健康及び安全
第4章　子育て支援
第5章　職員の資質向上
```

　2017 (平成29) 年3月公示の保育所保育指針は、「第1章　総則」「第2章　保育の内容」「第3章　健康及び安全」「第4章　子育て支援」「第5章　職員の資質向上」で構成されている。

第2章で示されるねらいとは、「第1章の1の(2)に示された保育の目標をより具体化したものであり、子どもが保育所において、安定した生活を送り、充実した活動ができるように、保育を通じて育みたい資質・能力を、子どもの生活する姿から捉えたもの」である。また「内容」は、「「ねらい」を達成するために、子どもの生活やその状況に応じて保育士等が適切に行う事項と、保育士等が援助して子どもが環境に関わって経験する事項」である。「内容」のあとには幼稚園教育要領と同様に「内容の取扱い」、加えて保育所保育指針独自に、「保育の実施に関わる配慮事項」が付されている。また第3章の最後に「保育の実施に関して留意すべき事項」の節があり、そこには「保育全般に関わる配慮事項」「小学校との連携」「家庭及び地域社会との連携」について留意すべき事項が示されている。

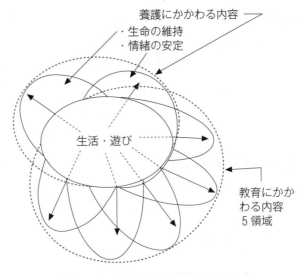

図3－2　保育内容の構造のイメージ
出典：図3－1に同じ　p.18

3 ── 保育所保育指針の改定のポイント

(1) 改定の方向性

　2008（平成20）年の告示以降、保育所保育指針は上で述べたように、法的な性格をもつものとなり、それまで年齢別に示されていたねらいや内容を、幼稚園教育要領にならって5領域別に記すようになった。2017（同29）年告示の改定は、①その際に希薄になった乳児および1歳以上3歳未満児の保育のねらいや内容について記載を充実させ、②幼稚園や幼保連携型認定こども園と同様に幼児教育を担うという、保育所保育における幼児教育の積極的な

位置づけを行った。また、③アレルギー疾患や保育中の事故、加えて自然災害への対応など、環境の変化を踏まえた健康および安全の記載を見直し、④子ども・子育て支援新制度の施行を踏まえ、保護者・家庭および地域と連携した子育て支援の必要性を訴え、⑤保育所が組織とし保育の質の向上に取り組み、職員の資質・専門性の向上を図るよう5つの方向性の下で行われた。これらのうち保育内容にかかわるものに着目しよう。

なお、下記(2)に関連して、3歳以上児の保育の「ねらい及び内容」については、幼稚園教育要領と一致させる方向で改めているため、本章第1節3を参照してほしい。

(2) 養護に関わるねらい及び内容

幼稚園とは異なり、保育所保育は養護と教育が一体的に行われるよううたわれている。従来の指針では「第3章　保育の内容」で記述されていたが、2017（平成29）年の改定により「第1章　総則」という保育所保育全体の原理原則を記した章に移され、独自の節（養護に関する基本的事項）をもって記されている。すなわち保育所保育全体が、養護に関するねらい及び内容を踏まえた保育を実施すべきものとされている。なお、「生命の保持」「情緒の安定」それぞれについてねらいと内容が記されている点は変わりないが、情緒の安定のねらいに「くつろいで共に過ごし」という部分が加筆された。

(3) 乳児保育に関わるねらい及び内容

保育所保育指針では、乳児の発達の特徴を次のようにとらえている。「視覚、聴覚などの感覚や、座る、はう、歩くなどの運動機能が著しく発達し、特定の大人との応答的な関わりを通じて、情緒的な絆（きずな）が形成される」。これを踏まえ、その後の5領域につながるものとして、「ねらい及び内容」に乳児の保育について子どもの育ちを評価する3つの視点が新たに示された。5領域のうち健康と重なる「ア　健やかに伸び伸びと育つ」、「人間関係」と「言葉」の両方にかかわりの深い「イ　身近な人と気持ちが通じあう」、「環境」と「表現」と関連する「ウ　身近なものと関わり感性が育つ」である（図3－3）。この3つの視点において示されている保育の内容は、第1章に示された養護における保育の内容と一体となって展開されなければならない。

また、「子どもの多様な感情を受け止め、温かく受容的・応答的に関わり、一人一人に応じた適切な援助を行うようにすること」「一人一人の子どもの生育歴の違いに留意しつつ、欲求を適切に満たし、特定の保育士が応答的に関わるように努めること」などを、乳児期の保育を担う保育士に求めている。

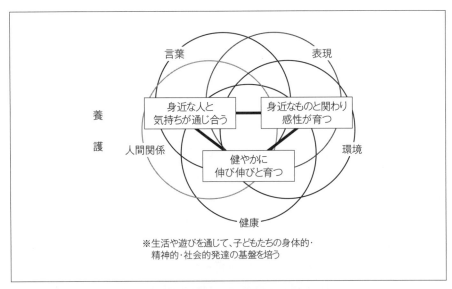

図3-3　0歳児の保育内容の記載のイメージ

出典：厚生労働省社会保障審議会「保育所保育指針の改定に関する議論のとりまとめ」（平成28年12月21日）

(4) 1歳以上3歳未満児の保育に関わるねらい及び内容

「1歳以上3歳未満児」とは記されているが、乳児も含め暦年齢はおおよその年齢を指しているだけで、発達の連続性から考えるべきものとされている。この時期の発達の特徴は、「歩き始めから、歩く、走る、跳ぶなどへと、基本的な運動機能が次第に発達し、排泄の自立のための身体的機能も整うようになる。つまむ、めくるなどの指先の機能も発達し、食事、衣類の着脱なども、保育士等の援助の下で自分で行うようになる。発声も明瞭になり、語彙も増加し、自分の意思や欲求を言葉で表出できるようになる」とされている。この特徴を踏まえ、3歳以上児と同じ5領域のねらい及び内容と、指針の第1章で示されている「養護に関わる」内容とが一体となって展開されることが求められている。

第3節 ● 幼保連携型認定こども園教育・保育要領と保育内容

1 ── 幼保連携型認定こども園教育・保育要領の役割

(1) 幼保連携型認定こども園とは

「就学前の子どもに関する教育、保育等の総合的な提供の推進に関する法

律」(以下、「認定こども園法」)が、2006（平成18）年に制定された。第2条第7項に、幼保連携型認定こども園とは「義務教育及びその後の教育の基礎を培うものとしての満3歳以上の子どもに対する教育並びに保育を必要とする子どもに対する保育を一体的に行い、これらの子どもの健やかな成長が図られるよう適当な環境を与えて、その心身の発達を助長するとともに、保護者に対する子育ての支援を行うことを目的」とする施設と規定されている。

この目的を受けて幼保連携型認定こども園の目標には、学校教育法に規定された幼稚園教育の目標に加え、「快適な生活環境の実現及び子どもと保育教諭その他の職員との信頼関係の構築を通じて、心身の健康の確保及び増進を図ること」(同法第9条6) が掲げられている。

(2) **幼保連携型認定こども園教育・保育要領**

前述したように、幼稚園・保育所の機能を併せ持った幼保連携型認定こども園にも、幼稚園教育要領や保育所保育指針との整合性、法的な性格を備えた教育・保育の内容に関する事項について、主務大臣が定める国家的基準が存在する。

認定こども園法
第10条　幼保連携型認定こども園の教育課程その他の教育及び保育の内容に関する事項は、第2条第7項に規定する目的及び前条に規定する目標に従い、主務大臣が定める。
2　主務大臣が前項の規定により幼保連携型認定こども園の教育課程その他の教育及び保育の内容に関する事項を定めるに当たっては、幼稚園教育要領及び児童福祉法第45条第2項の規定に基づき児童福祉施設に関して厚生労働省令で定める基準（同項第3号に規定する保育所における保育の内容に係る部分に限る。）との整合性の確保並びに小学校(学校教育法第1条に規定する小学校をいう。)及び義務教育学校(学校教育法第1条に規定する義務教育学校をいう。)における教育との円滑な接続に配慮しなければならない。
3　幼保連携型認定こども園の設置者は、第1項の教育及び保育の内容に関する事項を遵守しなければならない。

---

2 ── 幼保連携型認定こども園教育・保育要領の概要

幼保連携型認定こども園教育・保育要領
第1章　総則
　第1　幼保連携型認定こども園における教育及び保育の基本及び目標等
　第2　教育及び保育の内容並びに子育ての支援等に関する全体的な計画等
　第3　幼保連携型認定こども園として特に配慮すべき事項
第2章　ねらい及び内容並びに配慮事項

```
第 1    乳児期の園児の保育に関するねらい及び内容
第 2    満 1 歳以上満 3 歳未満の園児の保育に関するねらい及び内容
第 3    満 3 歳以上の園児の教育及び保育に関するねらい及び内容
第 4    教育及び保育の実施に関する配慮事項
第 3 章  健康及び安全
第 4 章  子育ての支援
```

幼保連携型認定こども園教育・保育要領は、「第 1 章　総則」「第 2 章　ねらい及び内容並びに配慮事項」「第 3 章　健康及び安全」「第 4 章　子育ての支援」から構成されている。

第 2 章で示されているねらいは、「幼保連携型認定こども園の教育及び保育において育みたい資質・能力を園児の生活する姿から捉えたもの」であり、内容は「ねらいを達成するために指導する事項」である。また「内容の取扱い」は、園児の発達を踏まえた指導を行うに当たって留意すべき事項である。この章の終わりには、「教育及び保育の実施に関する配慮事項」が示され、満 3 歳未満児の保育の実施に関する配慮事項、教育・保育の全般における配慮事項が示されている。

3 ── 幼保連携型認定こども園教育・保育要領の改訂のポイント

幼稚園や保育所に比べ歴史の浅い幼保連携型認定こども園ではあるが、実践が蓄積されるなか、課題も浮き彫りとなった。また2015（平成27）年の認定こども園法改正により、幼保連携型認定こども園は学校であり児童福祉施設であるとみなされることとなった。したがって、今回の改訂は前述のように幼稚園教育要領・保育所保育指針の改訂・改定と整合性を図ると同時に、認定こども園として特に配慮すべき事項の充実が図られた。以下、幼保連携型認定こども園教育・保育要領において、特に配慮すべき事項として挙げられている点に着目する。

第一に、新入園児や他の保育施設から移ってくる園児への配慮が求められている（第 1 章第 3）。特に、満 3 歳で入園する園児、他の保育施設から移ってくる園児がいることについて、新入園児が円滑に園生活をはじめられるよう工夫することや、2 歳児の学級から移行する園児と新入園児それぞれへの配慮、入園後の不安や緊張を受け止め園生活に慣れるまで個別に配慮して対応することが求められている。また、それまでの育ちや発達を、連続性をもって把握するために、家庭や他の保育施設との連携や引き継ぎが円滑に行われねばならない。

第二に、家庭や地域において異年齢の子どもとかかわる機会が減少しているため、同年齢の園児から成る学級活動だけでなく、3歳未満児も含め異年齢の園児による活動も適切に組み合わせて設定するなどの工夫が求められている。ただし、そこでは発達段階の違い、園児一人一人の状態を踏まえ、適切な環境構成や援助を意識的に行うことが必要である。

　第三に、在園時間や、登園する期間の異なる園児がいる事への配慮が求められている。たとえば3歳未満児については睡眠時間等の個人差に配慮する。また3歳以上児については、遊びを中心とする主体的な活動を通して、学級の友達とともに育ち学び合う体験が積み重なるようにすること、集中して遊ぶ場と家庭的な雰囲気でくつろぐ場とのバランスを工夫することが求められる。そこでは担当教諭の交代も想定されるため、きめ細かな連携が必要である。また、長期休業中に登園しない園児や保護者に対して、その時期ならではの多様な経験の機会を提供すること、登園しない期間の情報提供を行うことなどが求められている。

●「第3章」学びの確認
①幼稚園教育要領・保育所保育指針・幼保連携型認定こども園教育・保育要領の「保育内容」に関する部分について、共通点と相違点を整理してみよう。
②2008（平成20）年告示幼稚園教育要領・保育所保育指針、および2014（平成26）年告示幼保連携型認定こども園教育・保育要領と、平成29年3月告示の改訂（定）版を比較し、改められている部分や強調されるようになった事項を整理してみよう。
③子どもの具体的な遊びの姿を、「幼児期の終わりまでに育ってほしい姿」(10の姿)をもとに分析し、どういう育ちがあったか、分析してみよう。

●発展的な学びへ
①「内容の取扱い」や「教育・保育の実施に関わる配慮事項」をもとに、教育・保育における工夫や配慮について、例をあげて話し合ってみよう。
②子どもの具体的な遊びの姿から、「主体的・対話的で深い学び」が実現されているか、検討してみよう。

引用文献

1）中央教育審議会答申「幼稚園、小学校、中学校、高等学校及び特別支援学校の学習指導要領等の改善及び必要な方策等について（答申）【概要】」2018年　p.14

参考文献

無藤隆・汐見稔幸・砂上史子『ここがポイント！　3法令ガイドブック―新しい『幼稚園教育要領』『保育所保育指針』『幼保連携型認定こども園教育・保育要領』の理解のために―』フレーベル館　2017年

無藤隆・汐見稔幸『イラストで読む！　幼稚園教育要領　保育所保育指針　幼保連携型認定こども園教育・保育要領　はやわかりBOOK』学陽書房　2017年

太田悦生編『新時代の保育双書　新・保育内容総論〔第2版〕』みらい　2010年

厚生労働省「保育所保育指針の改定に関する議論のとりまとめ」
　http：//www.mhlw.go.jp/file/05-Shingikai-12601000-Seisakutoukatsukan-Sanjikan-shitsu_Shakaihoshoutantou/1_9.pdf

「【グッドライフアワード】智頭町森のようちえん」
　https：//www.youtube.com/watch?v=mSTBkfG8rSo（環境省公式ページ）

「森のようちえん全国ネットワーク連盟」
　http：//morinoyouchien.org/

●○● コラム ●○●

森のようちえん

　近年、わが国において全国的な展開を見せているのが、「森のようちえん」である（2017年に発足した「森のようちえん全国ネットワーク連盟」（以下「全国ネットワーク」）によれば、2018年10月現在、加盟している団体は210）。

　もともとは北欧で始まったとされる野外を主とした幼児教育であるが、その内容や方法は団体それぞれのものである。youtube等で公開されている動画から、ここではいくつかの共通点を挙げておきたい。

　第一の特徴は、環境にある。森のようちえんでは、立派な園舎を必要としない。むしろ園舎がない場合もある。たとえば、大阪市のある園には園舎がなく、幼児は大きな木の陰で絵本を読んでもらったり、歌を歌ったりしている。その代わりに、自然環境が子どもたちの学びや成長を促している。また別の園では、手すりや階段もなく舗装もされていない山道を、一人では登れなかった幼児が、友達に手を引かれ、そして一人でたくましく登れるようになっていく。虫に興味を示すどころか、恐いと泣いていた子が、出会った虫のことを図鑑等で自ら調べるようになっていく。

　全国ネットワークのサイトでは、こうした自然環境を「【森】は森だけでなく、海や川や野山、里山、畑、都市公園など、広義にとらえた自然体験をするフィールド」としている。また「ようちえん」は「幼稚園だけでなく、保育園、託児所（中略）等が含まれ、そこに通う０歳から概ね７歳ぐらいまでの乳児・幼少期の子ども達」が集団で活動する場を意味している。

　第二の特徴は、子どもの主体的な学びを大切にするということである。上述した、山道を登れなかった幼児を、大人は手を貸さず見守るだけである。とはいえ、この山道を大人は前もって調べ、安全を確認している。自然には、子どもの学びや成長を促すアフォーダンスが豊かにあることを踏まえて見守っているといえる。

　全国ネットワークのサイトに記された「森のようちえんが大切にしたいこと」のなかには、「自然はともだち」「いっぱい遊ぶ」「自然を感じる」「自分で考える」ことが挙げられている。自然との出会いや関わりのなかで、他の子どもや大人と共に、向き合ったり親しんだりする姿は、「主体的で対話的で深い学び」を実現したものとして、ワークブックなど机に向かうような学びの姿と一線を画しているといえよう。

出典：NPO法人森のようちえん全国ネットワーク連盟ウェブサイト
　　　http://morinoyouchien.org/

第 4 章 遊びと保育内容

◆キーポイント◆

幼児期は「自発的な活動としての遊び」が重要であるといわれているが、それはなぜなのか。保育における遊びとは何なのか。この章では、遊びの本質を探りながら、子どもの遊びを通した学びについて考えていく。さらに、5領域の「ねらい」「内容」と遊びとの関係や総合的な指導の考え方、発達に応じて遊びが変化していく過程を理解することにより、遊びにおける援助の基本について学ぶ。

第1節 ● 自発的な活動としての遊びと学び

1 ── 質の高い幼児教育・保育と保育内容

　幼稚園、保育所、認定こども園の保育内容は、特に教育部分に関して2017（平成29）年3月の幼稚園教育要領等の改訂（改定）・告示によって統一化が図られ、すべて「幼児教育を行う施設」としての役割を担っていくことになった。この背景には、2015（同27）年より新たな幼保連携型認定こども園が発足し、すべての子どもに質の高い幼児教育・保育を総合的に提供することをめざすようになった点が挙げられる。保育内容は保育の根幹をなすものである。就学前のこれらの保育施設において、共通して質の高い保育内容を実践していくことが求められている。

　では、質の高い幼児教育・保育とは何か。小学校で学習する内容の先取りや、ただ静かに着席して教師の話を聞くような態度を養うことではないだろう。第2章や第3章で述べられたように、幼児期に育みたい生きるために必要なさまざまな力を、幼児期に適した方法で培うことであるといえる。具体的には、幼稚園から高等学校までの一貫した教育のあり方として2017（平成29）年に打ち出された、3つの育みたい資質・能力（知識及び技能の基礎、思考力・判断力・表現力等の基礎、学びに向かう力・人間性等）を、子どもの発達に即した「主体的・対話的で深い学び」となる方法で実践していくことと考える。それはまさに子どもの「自発的な活動としての遊び」によって

実現されるもとのいえるのではないだろうか。そして、そこでどのような遊びや体験をするのかが大きく問われているのである。

2 —— 遊びとは何か

(1) 「遊び」の本質は何か

保育場面に限らず一般的な「遊び」については、これまでさまざまな立場から研究・分析・定義が試みられてきた。そのなかから、社会学者・哲学者のカイヨワ（Caillois, R.）が行っている定義を紹介する[1]。

①　自由な活動。遊ぶ人がそれを強制されれば、たちまち遊びは魅力的で楽しい気晴らしという性格を失ってしまう。
②　分離した活動。あらかじめ定められた厳密な時間および空間の範囲内に限定されている。
③　不確定の活動。発明の必要の範囲内で、どうしてもある程度の自由が遊ぶ人のイニシアティヴに委ねられるから、あらかじめ成り行きがわかっていたり、結果が得られたりすることはない。
④　非生産的な活動。財貨も、富も、いかなる種類の新しい要素も作り出さない。そして、遊ぶ人々のサークルの内部での所有権の移動を別にすれば、ゲーム開始のときと同じ状況に帰着する。
⑤　ルールのある活動。通常の法律を停止し、その代わりに、それだけが通用する新しい法律を一時的に立てて約束に従う。
⑥　虚構的活動。現実生活と対立する第二の現実、あるいは、全くの非現実という特有の意識を伴う。

これらの条件から考えていくと、遊びの本質はまさに遊ぶ本人の極めて主体的な活動であり、現実生活において何らかの成果を得る目的で行う活動ではないことがわかる。

(2) 幼児期はなぜ遊びなのか

幼児期は、自我が芽生え、感情を理性で制御することはまだ難しい時期である。自己主張が強いこの時期だからこそ、子ども自身がおもしろいと感じたことは夢中になって取り組む。自分が主体となり、興味・関心から出発し、自分のもてる力を最大限に発揮して、自分の目的に向かって考え、自分のペースで繰り返し試し、納得し、もっとおもしろい活動へと展開しようとする。この自発性と創造性こそが子どもの遊びの本質であり、幼児期に「遊び」を中心とする保育を行う理由である。子どもの遊びは決して気晴らしや休憩時間ではない。学習活動そのものである。そのための十分な時間も必要である。

(3) 遊びによる学びとは

　この自発的な活動を通して子どもはさまざまな事柄に出会い、学んでいく。その過程は必ずしも楽しいことばかりではなく、試行錯誤しながら保育者や友だちの協力も得て乗り越えていく。そのなかで、創造する楽しさや人と活動する嬉しさ、問題解決に向けて試行錯誤しながら実行し達成していく喜び、自信、そこから得られるさまざまな知識や技能など、生きる楽しさを体得していく。子どもにとって遊びとは、その得がたい魅力に支えられながら、生き方そのものを学ぶ場であるといえるだろう。

3 ── 遊びの教育的価値と保育者の役割

　日本の保育において遊びを重視する考え方は、昨今生じてきたものではない。これまで日本の保育者は遊びの教育的価値をどのようにとらえ保育に取り入れてきたのだろうか。ここでは東基吉と倉橋惣三の考えを紹介したい。

(1) 東基吉の保育論

　1876（明治9）年に東京女子師範学校附属幼稚園が設立された後、保育者主導の恩物中心の保育内容は、次第に幼児の実態に即した保育内容・方法へと改革されていった。その動きを推進した人物の一人が東基吉（1872〜1958）である。東は、幼児の活動の最も普通に現れる形式を「遊戯」（遊び）とし、幼児の活動力を認め、幼児の自然な活動を十分に満足させることによって、心身の完全なる発達が助長されるとした。『幼稚園保育法』のなかで彼は、遊戯の教育的価値として、身体的な面においては、快い楽しい遊びによって自然に身体を動かすことで運動が促進されること、規律を主とした体操は幼児には適さないこと、遊びに熱中している子どもの精神が身体の健康にも有効であることなどを指摘している。また、精神的な面においては、他の幼児との遊びを通して協同・思いやりの心やルールを守る心が育ち、自己中心的な行動が抑制されること、おとなの干渉から離れて活動することにより意志の独立が促されること、そのほか遊びによっては、社会的知識の獲得や推理力、記憶力、想像力、感覚などの発達を促すことも指摘している。

(2) 倉橋惣三の保育論

　児童中心主義の保育の確立に大きな役割を果たした倉橋惣三（1882〜1955）は、子ども一人一人の尊厳を大切にするとともに、生活のなかでの学びを重視した。倉橋は『幼稚園真諦』において、子どもが十分に自己充実が

できるような設備と場所、そしてそれらを自由に使える園全体の自由感の重要性をまず唱えている。次に、子どもが自分の力で充実したくても自分でそれができないでいるところを助け指導する「充実指導」の必要性を述べている。そこでは先生が出過ぎないこと、つまりその子どもがどのくらいまで求めているかということからはじめることが大切である。一方、自己充実を手助けしようにも手の出せない、自ら何もしようとはしない子どもの場合は、断片的な生活のなかに中心を与え、系統をつけることによって、生活への興味が増し、生活の真の面白味がだんだん入って興味の本質が変わっていくことを述べている。この働きかけを「誘導」といい、その後の「教導」はほんのわずかにつけ加えられる程度のものとして取り上げられている。そして、以上の関係をまとめて次のように示している。

倉橋惣三
写真：お茶の水女子大学所蔵

幼児のさながらの生活 ── [自由設備] ── 自己充実 ── 充実指導 ── 誘導 ── 教導

4 ── 5領域と遊び―遊びを通しての総合的な指導―

(1) 自発的な活動としての遊びにおける保育者の役割

「自発的な活動としての遊び」ならば、子どもが各自で好きなように遊ぶのだから保育者はその様子を見守っていればよいと考える人もいるだろう。しかし、前述の事項から考えると、子どもの遊びを安全に見守るだけではなく、むしろ一人一人の子どもが主体的に活動したくなるような環境構成は何か、人やモノとのかかわりを生み出す活動は何か、どのような教材がより探究する行動につながるのか、バランスのよい保育内容になっているかなど、子どもの興味・関心や発達状況、見方・考え方をよく把握して遊びを計画していくことが重要であるといえる。また保育者自身も子どもや活動の状況に応じて、適切にその活動に参加し援助することが求められる。これらが保育の難しさであり、保育の質を左右する要因の一つといえるだろう。

保育者も遊びに参加すると、一人一人の子どもが何を楽しみ、おもしろいと感じているのか、また何に困っているのかが見えてくる。それが適切な援助や環境の再構成につながる。さらに遊び理解・子ども理解の道しるべとなるものが、5領域における「ねらい」「内容」の具体的な記述であり、「幼児期の終わりまでに育ってほしい姿」である。

(2) 5領域と総合的な指導

たとえば、動的な活動である「鬼ごっこ」は一見領域「健康」の活動と考

えられる。ルールも決まっている。では、この活動は「総合的な指導」の趣旨に合っているだろうか。「自発的な活動としての遊び」といえるだろうか。

鬼ごっこに含まれている内容を5領域の観点から分析すると、「健康」では、進んで戸外で遊ぶことや十分に体を動かすこと、楽しんで取り組むこと、危険な遊び方に気をつけて行動することなどが含まれる。「人間関係」では、保育者や友達とともに過ごすことの喜びを味わうことや、遊びを楽しみながら物事をやり遂げようとする気持ちをもつこと、きまりの大切さに気づき守ろうとすることなどが挙げられる。「環境」では、活動そのものへの参加が、その性質や仕組みに興味や関心をもつことであり、自分なりに考えたり試したりして工夫して遊ぶことにつながる。「言葉」では先生や友達の言葉を興味や関心をもって聞いたり、感じたり考えたりしたことを自分なりに言葉で表現すること、わからないことを尋ねることなどが当てはまる。「表現」では、心を動かす出来事に触れイメージを豊かにすることや、感動したことを伝え合う楽しさを味わうことなどにこの体験がつながる。

このように一つの遊びには発達上のさまざまな「ねらい」「内容」が含まれており、総合的に指導する場面が多い。むしろ、個々の子どもに応じて何を発達上の課題ととらえ適切に援助しているかが保育者には問われる。また、保育者が提案した活動の場合でも、子どもにとって必要感があり、興味をもち、子どもがさまざまにアイディアを出し、思考したり選択・判断したりしながら活動を工夫し展開していく内容であるならば、子どもが主体的に活動している姿であるといえるのではないか。

合理的・能率的に物事を学ばせ、失敗をさせずに目標の達成に向かって指導するような保育や教育ではなく、子ども自身が創り出す豊かな発想や活動を保育者も価値あるものとして認め、遊びの本質である自由さや楽しさのなかに子どもの成長・発達の芽をみつけられるような保育をめざしていきたい。

第2節 ● 遊びをみる視点と保育者の援助

1 ── 「ものとのかかわり」の視点からみる

子どもが主体的に遊んでいる場面において、保育者は何に着目し援助していけばよいのだろうか。表4-1、表4-2は、3歳児（6月）の自由保育場面でみられた遊びの様子を、関連する内容や使用する遊具・材料ごとにま

表4-1　室内での活動（3歳児、25園分、自由保育場面）

項　目	主な活動内容（数字は活動がみられた園数）
ままごと (18)	a．皿に好きなものを並べて食べたりつくったりする〔ままごとセット、エプロン使用〕(6) b．ごちそうを皿に盛り、「はい、どうぞ」などといって保育者のもとへ運ぶ　(2) c．お母さんなどの役割を決めて、料理を作ったりする　(3)
ごっこ (11)	a．アニメのヒーロー・ヒロインになりきって遊ぶ（剣を振りかざす、追いかける、パンチ、キックなど）〔紙で作った剣、お面、盾、風呂敷などを使用〕(7) b．実生活の再現（お母さん、保育園の先生、電車ごっこなど）〔人形、乳母車、ぬいぐるみ、椅子、本、布団、洋服、ままごとセットなどを使用〕(5) c．絵本などの再現（3びきのこぶた、むっくりくまさん）〔お面を使用〕(2)
大型積木 (4)	a．積み上げる　(1) b．保育者や友達と、電車、船、お風呂、ロボットを作る　(3) c．ジャンプする　(1)
ブロック (17)	a．好きなものを作る（カメラ、ロボット、ピストル、車、戦車、剣、電車、飛行機、家など）(10) b．作ったものを使って遊ぶ（車を走らせる、戦いごっこをするなど）(4)
粘　　土 (6)	a．好きなものを作る（おだんご、へび、ボール、おにぎりなど）(4) b．指輪を作って身につけ、鏡で姿をみる　(1)
折 り 紙 (5)	a．好きなものを折る（風船、飛行機、花、手裏剣、鉄砲、剣など）〔折り紙、広告紙を使用〕(2) b．子どもに頼まれて保育者が折る（飛行機など）(3)
製　　作 (3)	a．細く切った紙で輪つなぎをする　(1) b．切った色紙を画用紙に貼る　(1) c．木片に釘を打つ　(1)
描　　画 (8)	a．自由に好きなものを描く（おばけ、果物など）〔サインペン、クレヨン、マジックなどを使用〕(4)
ぬ り 絵 (1)	a．ぬり絵の本をコピーしてもらい、色をぬる　(1)
パ ズ ル 絵あわせ (4)	a．パズルを合わせる　(2) b．紙を見ながらパズルを合わせる　(1)
ひも通し (1)	a．穴のあいたものにひもを通す　(1)
絵　　本 (8)	a．保育者に頼んで、絵本を読んでもらう　(2) b．好きな本を自分で棚から出してきて読む（みる）　(6) c．2、3人の友達に読み聞かせる　(1)
ビデオ (1)	a．流れているビデオを、見たい子どもは見る　(1)
その他	a．室内でかくれんぼをする　(1)

表4-2　戸外での活動（3歳児、25園分、自由保育場面）

項　目	主な活動内容（数字は活動がみられた園数）
砂　場 どろんこ (24)	a．砂、泥、水などの感触を楽しむ（水たまりに入る、水や泥を足にかけるなど）(5) b．大きな山、池、川、海、トンネル、穴などを作る　(15) c．草花も使ってごちそうを作ったり、ままごとをする（ケーキ、プリン、ホットケーキ、カレーライス、ハンバーグ、アイスクリーム、コーヒー牛乳、ご飯など）(13) d．型抜きをする　(3) e．おだんごを作る（砂、さら砂、泥、赤土などを使用）(10) f．お店やさんごっこ（石ころをお金に見立てる）(2)
固定遊具 (23)	a．ブランコ（友達と交代しながら乗る、保育者が後ろから押すなど）(17) b．すべり台（すべったり、逆から登ったりする、保育者の手で作ったトンネルをくぐるなど）(11) c．鉄棒（ぶらさがる、ぶたの丸焼き、前回り下り、足かけ回り、さかあがりなど）(10) d．登り棒　(6) e．ジャングルジム、ハングリング　(6) f．雲梯　(5)
小型遊具 (12)	a．三輪車（順番に交代しながら乗る、スピードを楽しむ、車やオートバイのつもりで走る）(8) b．自転車（補助輪つき）(3)、一輪車　(1) c．なわとび（保育者が回して子どもが跳んだりくぐったりする、電車ごっこ）(4) d．フラフープ（電車ごっこ、ころがす）(3) e．ボール（投げる、ころがす、追いかける、蹴る、受ける）(3)
伝承遊び ゲーム (10)	a．鬼遊び（鬼ごっこ、凍り鬼、色鬼、高鬼）(7) b．かくれんぼ（手で顔を隠すだけで隠れているつもりになる）(4) c．渦巻きじゃんけん　(1) d．だるまさんがころんだ　(1) e．かけっこ、リレー　(2) f．相撲　(1)
動植物 (5)	a．ウサギの飼育　(2) b．虫捕り（ダンゴムシなど）(2) c．花輪作り　(1)
水 (6)	a．シャボン玉　(3) b．色水遊び　(2) c．水鉄砲　(1)
その他	a．輪になって、カセットテープに合わせて保育者と一緒に踊る　(1) b．忍者ごっこ（大型遊具を基地にする）(1) c．高い所に登って遊ぶ　(1)

とめたものである。さまざまな遊びが行われているが、そのなかでも室内では「ままごと」「ブロック」「ごっこ」、戸外では「砂場・どろんこ」「ブランコ」「すべり台」などが多い。そして、それぞれの遊びにはさらにいろいろな内容の遊びが含まれていることがわかる。

　材料に注目してみると、たとえば「砂場・どろんこ」の欄では、水たまりに入って砂・泥・水などの素材の感触自体を楽しんでいる段階もあれば、山や池、団子を作ったり型抜きをしたりするなど、想像力や創造性を発揮しながら製作し素材の性質への理解を深めている段階もある。さらに作ったものを利用してままごとやお店屋さんごっこに発展させ、楽しんでいる姿もある。このように同じ場や材料を使用しながらも遊びの内容に違いがみられる。

　「ものとのかかわり」の視点から遊びの発展過程をまとめてみると、以下のような道筋がみえる。
①新しいものに出会い、かかわりを楽しむ段階（出会いの段階）
②ものを試したり工夫したりしながら使いこなしていく段階（楽しむ段階）
③ものの性質を理解し他の遊びに生かしていく段階（応用する段階）

　これらの道筋は、すべり台や紙、ブロック等の遊具・材料だけではなく、歌やゲームなどの「もの」にもあてはまる。子どもは遊びながら、よりおもしろく楽しく複雑で難しい方向に向かって追究していこうとする。個々の子どもがどの段階を楽しみ、その先にどうしようとしているのかを見極め、一緒に遊びに参加しながら、子どもの抱く疑問や発見・取り組みへの共感や理解、称賛、意味づけ、課題を言語化し整理すること、新たな材料の提供や提案、共同作業者等の役割を保育者は果たしていきたい。

2 ── 「人とのかかわり」の視点からみる

　ブラッツ（Blats, W.E.）やパーテン（Parten, M.D.）は、対人関係やグループ行動などの社会性の発達に注目して遊びを分類しており、ここではまず、それらをもとにおよその社会性の発達について理解しておきたい。
・一人遊び：全く一人きりで遊んでいる段階。グループに入ろうという気持ちがみられない。
・傍観：他の子どもの遊びをじっとみているが、参加はしない段階。
・並行的遊び：他の子どもの遊びに刺激されて同じ遊具で遊びはじめるが、一緒に遊ぶのではなくて、個別に遊んでいる段階。
・集団遊び：グループをつくって遊ぶ段階。ここでは、ただ一緒になって遊んでいるという単純な「連合遊び」と、グループ内で役割を決めて組織

的に活動を展開する「組織的遊び（協同的遊び）」に分ける場合もある。

　これらの分類をもとに、表4-1の「ままごと」をもう一度考えてみたい。子どもたちはままごとコーナーで、それぞれ料理をしたり皿に好きなものを並べて食べたりすることを楽しんでいる。表だけでは子ども同士のかかわりははっきりしないが、3歳児の場合、同じ場にいても個々に違ったイメージで遊んでいることも珍しくない。他児に向けての発言も少ない。それでも同じ場にいることで、心地よさや楽しい雰囲気を感じ取ったり、他児の遊びから遊び方のヒントを得たりアイディアを思いついたりして、他児と一緒にいたいと思うようになる。前述の分類でいえば「並行的遊び」の段階にある。

　保育者は、一人一人が安定して遊べるような環境や材料を整え、イメージが明確になるような言葉掛けをしていきたい。子どものなかには、つくったごちそうを皿に盛り、「はい、どうぞ」等と言って保育者のもとへ運んでくる場合もある。保育者ならば自分のつくった宝物のごちそうを見て喜び、きっと食べてくれるという期待があるのかもしれない。信頼感とともに、友達との共感性やイメージの共有は、ごっこ遊びやその後の集団遊びに不可欠な要素である。保育者は子どもの思いを受け止め、言葉を加えて応答的なかかわりをもつようにしたい。また、「つくる人」「食べる人」という役割分担の経験も、次の子ども同士のかかわりに発展していく道筋となる。

　お気に入りの友達数人で役割を決めて遊ぶようになっても、最初はお母さん役が3人いるなど、なりたい役のままで楽しむことが多い。保育者は、たとえばお母さん役にはエプロンや買い物かごを用意するなど、役がわかりやすいように象徴的な服や小物を用意するとよい。また、全員がつくる人になりたい場合は、保育者が子ども役をしたり、他の子どもを誘ってお客の役をしたりすると、遊びの展開にもつながる。保育者がモデルとなって遊び方を示したり、「このお家の玄関はどこ？」「今晩のご飯は何？」などと質問したりすると、遊びのイメージをより具体化することができる。メンバー間でのイメージの共有状況や発言内容、人間関係にも注意したい。

　組織的な遊びになるにつれて、集団の人数が増え、遊びも変化に富んでおもしろくダイナミックになるとともに、トラブルも増える。グループに入れる・入れない、役の取り合い、イメージの違いからのトラブルなどさまざまに発生するが、これも子ども同士のかかわりがあってのことである。自己主張の仕方、我慢の仕方、意見調整の仕方、不満な気持ちの転換の仕方など、トラブルを通して子どもは学んでいくことが多い。いつどこでも我慢をさせ、仲良く遊ぶことを強いていたのでは本当の社会性は育たないだろう。同じ目的に向かって遊ぶからこそ、自己調整力も身につくのである。意見を出し合

い、問題を解決したり遊びを深めたりしていく協同性を育てていきたい。

　このように子どもたちと接していると、3歳児では自己主張が強かった子どもでも、4歳児で友達と一緒に遊びたいという思いが強くなり、さまざまな葛藤を経験するなかで我慢できる気持ちもみられるようになり、5歳児では相手の気持ちを考えて行動できるようになっていく。そして、多人数だからこそ楽しめる遊びを作り出していく。

　遊びをみる視点には他にも3つの「育みたい資質・能力」の視点や「主体的・対話的で深い学び」の視点などが考えられる。子どもたちが充実した日々を過ごせるように、発達の長期的見通しをもち、子どもの興味・関心に応えられるような環境構成や教材選択を工夫したい。

●「第4章」学びの確認
①乳幼児期には自発的な遊びが重要である理由を挙げてみよう。
②遊びを通して乳幼児はどのようなことを学んでいるのか、挙げてみよう。
③発達とともに乳幼児の遊びはどのように変化していくのか、また、そこで必要な保育者の役割は何かをまとめてみよう。
●発展的な学びへ
①乳幼児の遊びを観察して、個々の子どもがその活動の何を面白いと感じているのかを考えてみよう。
②乳幼児の遊びの場面において、保育者のかかわり方によって遊びがどのように変化するのか、また、いつどのようなタイミングで援助することが適切なのかについて考えてみよう。

引用文献

1）R・カイヨワ（清水幾太郎ほか訳）『遊びと人間』岩波書店　1970年

参考文献

小川博久『遊び保育論』萌文書林　2010年
河邉貴子『遊びを中心とした保育―保育記録から読み解く「援助」と「展開」―』萌文書林　2005年
全国幼児教育研究協会『学びと発達の連続性―幼小接続の課題と展望』チャイルド本社　2006年
中央教育審議会「幼稚園、小学校、中学校、高等学校及び特別支援学校の学習指導要領等の改善及び必要な方策等について」（答申）2016年
日本保育学会編『日本幼児保育史』(全6巻)　フレーベル館　1968～1975年
吉田龍宏ほか『遊び保育のための実践ワーク』萌文書林　2014年

●○● コラム ●○●

「家なき幼稚園」がめざしたもの

　橋詰良一（1871〜1934）による「家なき幼稚園」が大阪に設立されたのは1922（大正11）年のことである。橋詰は、おとなと子どもの要求や希望には非常に大きな隔たりがあることに気づき、おとなの強要から子どもを解放し、子ども同士の世界を創り、真の子どもの幸福を保障するために、「家なき幼稚園」を設立したという。戸外の広い自然のなかで保育することを重視した橋詰は、保育課目として、①歌えば踊る生活、②お話をする生活、③お遊びを共にする生活、④回遊にいそしむ生活、⑤手技を習う生活、⑥家庭めぐりなどを実践した。そのなかでも回遊を重視し、子どもらは石つみや土ほり、水遊び、魚つり、草つみ、虫とり、鳥の声を聞くなど、時間を気にすることなく楽しんだという。

　一方、現代の子どもはおとな中心の社会で生活することを強いられている。待機児童対策のために開園した保育所のなかには、ビルの一室や園庭がほとんどない所もある。近所からは園児の声がうるさいと苦情がくることもある。橋詰がめざしたような、自然や友だちとふれあいながら自己を十分に発揮して生活できる子ども時代に適した場を現代でも保障していきたい。

第5章　0歳児の保育内容

◆キーポイント◆

　3歳頃までは母親が家庭で子どもを育てることが当たり前[※1]であった時代もあった。しかし近年、核家族化による育児に対する負担感・不安感からの解放を望む声や、家庭の経済状況、女性の社会進出による就労状況の変化など、さまざまな理由から乳児保育へのニーズが増してきており、さらに6か月未満児の入所希望も少なくない。
　同じ"0歳児クラス"のなかにも生後2か月あまりの子どもともうすぐ1歳の誕生日を迎える子どもが共に生活をすることもある。また、一言で0歳と言っても、その発達は月齢差や個人差が非常に大きい。
　本章では、誕生から満1歳を迎えるまでの子どもを中心に発達的特徴を踏まえ、0歳児保育に求められる保育のあり方について、具体的な子どもの姿をイメージしながら、学んでいく。

※1　3歳児神話
子どもが3歳になるまでは、家庭で母親が子育てをしていないと、子どものその後の成長に悪影響を与えるという考え方。厚生労働省は、1998（平成10）年度の「厚生白書」で「少なくとも合理的な根拠は認められない」とした。

第1節 ● 0歳児の発達的特徴と保育上の留意点

1 ── 0歳児の発達的特徴

(1) 誕生から1年の子ども

　生まれたばかりの赤ちゃんに触れたことがあるだろうか。体は頼りなく自分の首を支えることもできず、顔にかかった毛布を払いのけることすらできない。感情は未分化で空腹、排泄、体温調節も全て"不快"として泣いて表すことで、養育者に世話をしてもらう。ところが、1歳を迎えるころには、はいはいや伝い歩きで移動をし、手で物をつかんで食べ、ほしいものを指さして示すようになる。
　ポルトマン（A. Portman）が「生理的早産」[※2]と呼ぶように、未熟な状態で生まれた子どもは生後1年間で急速に著しく発達を遂げる。

※2　生理的早産
ポルトマン（Portman, A.）は「人間は、生後1歳になってようやく、他の哺乳類が出生後すぐに実現している発育状態にたどり着く」と述べ、この状態を「生理的早産」と表した。

(2) 0歳児の発達の段階

　0歳児の保育については発達の特性から、まだ5領域のように明確に分けることができない。そのため、保育所保育指針では、ア．身体的発達に関す

る視点「健やかに伸び伸びと育つ」、イ．社会的発達に関する視点「身近な人と気持ちが通じ合う」、ウ．③精神的発達に関する視点「身近なものと関わり感性が育つ」の3つの視点から育ちを評価するよう示されている[※3]。

※3 「保育所保育指針」第2章保育の内容 1乳児保育に関わるねらい及び内容より。

これらを子どもの活動からさらに4つの時期に分けて、子どもの発達を詳しくみていく。ただし、この区分は発達の過程・特徴をわかりやすく活動と月齢で示したもので、同年齢の子どもの発達の基準となるものではない。また①～③は、個別に育つのではなく、関連して育っていく姿である。

① 首がすわる時期（0～3か月頃）

ア．健やかに伸び伸びと育つ

・抱かれて授乳する。
・オムツ交換の気持ちよさを知る。
・首がすわり、動くものを目で追ったり（追視）、大人の声のする方に顔を向けたりするようになる。

・睡眠リズム[※4]が徐々に整い、起きている時間が長くなるが、まだ一人一人の生活リズムによる。

※4 睡眠リズム
睡眠リズムは生後2、3か月頃から形成されるといわれ、朝早く起きて日の光を浴びること、朝食をしっかりとること、夜早く就寝することで成長ホルモンの分泌が促進される。

イ．身近な人と気持ちが通じ合う

・共鳴動作[※5]・視線が合うことが増える。
・機嫌のよいときに泣き声とは異なる声（喃語）を出す。

ウ．身近なものと関わり感性が育つ

・ガラガラなどの玩具をしばらくの間、握ることができるようになる。

※5 共鳴動作
乳児が大人の動作にあわせて同調的・共鳴的に反復すること。意識的な模倣と異なり、一種の反射的反応である。

② うつ伏せの時期（4～6か月頃）

ア．健やかに伸び伸びと育つ

・寝返りをうち、うつぶせ姿勢を保てるようになる。
・離乳食[※6]初期（1日1回）：唇を閉じてドロドロの形状の食べ物を取り込む。
・睡眠のリズムが整ってくる（1日3回寝）。
・オムツの汚れを泣いて知らせる。

※6 離乳食
母乳または育児用ミルク等の乳汁栄養から幼児食に移行する過程をいう（参考：厚生労働省「授乳・離乳の支援ガイド」2007年）。

イ．身近な人と気持ちが通じ合う

・「マンマンマン」「ダダダ」など、反復する喃語。
・聞き覚えのある声に反応する。

ウ．身近なものと関わり感性が育つ

・目の前のものをつかもうとしたり、手を口にもっていったりするなど、

手足の動きが活発になる。

③ はいはいの時期（7〜9か月頃）

ア．健やかに伸び伸びと育つ

・支えられて座る状態から、一人で座れるようになり、両手が自由に使えるようになる。
・はいはいで移動する。
・離乳食中期（1日2回）：舌とあごを使って食べ物を押しつぶして飲み込む。
・オムツの交換の時に足を上げようとする。

イ．身近な人と気持ちが通じ合う

・保育者と追いかけっこをすることを喜ぶ。
・名前を呼ばれて反応する。信頼関係が深まり、好きな人がいるところに自分から近づいていく。
・人見知り[7]と後追い。
・喃語に感情がこもり、声を出して注意をひく。
・「指さし」[8]が見られる（初期の三項関係[9]）。

ウ．身近なものと関わり感性が育つ

・持ったものを手から手へ持ち替えたり、手や積木を打ち合わせたり、容器に物を入れたりして遊ぶ。

④ つかまり立ち〜一人歩きの時期（10か月〜1歳前後）

ア．健やかに伸び伸びと育つ

・つかまり立ちから伝い歩き、一人で立つ。
・物を入れたり出したりする。
・親指と人差し指でつまむ。
・離乳食後期（1日3回）：舌で食べ物を左右に移動させ、奥の歯茎でしっかり噛んで食べる。
・決まった時間に寝る（2回寝）。
・オムツ交換や着替えの時、手足を動かし、協力する姿がみられる。

イ．身近な人と気持ちが通じ合う

・物のやり取りを楽しむ（「ちょうだい」「どうぞ」）。
・いないいないばあを自らする。

ウ．身近なものと関わり感性が育つ

・視野が広がり、上に置いてある物に興味を示して手を伸ばして取ろうとする。
・鏡に映った自分がわかる。

※7　人見知り
生後5、6か月頃から2歳ころまで多くの子どもに見られる、見知らぬ人を嫌がる状態。特定の大人との愛着関係が育まれている証拠である。

※8　指さし
興味のある物を子どもが指で示すことで、大人と注意を共有する（共同注意）。

※9　三項関係
「自分」と「他者」と「もの」の関係。

2 ── 0歳児の保育の基本

(1) 養護的側面の重要性と保育者との信頼関係

　乳幼児の保育にあたっては、養護と教育が一体的になされるように配慮する必要がある。月齢が低いほど生活の大部分を保育者に「してもらう」ことになる。「してもらう」喜びがその後の「自分でできる」喜びへとつながっていくのである。

　また、特定の大人との安定した相互作用のもとに、愛着※10が形成されることが人に対する基本的信頼※11を育み、自分はありのままで受け入れられるという自己肯定感獲得につながる。

(2) 0歳児の保育室の環境

　0歳児クラスでは、月齢や生活リズム、発達の段階の大きく異なる子どもが共に生活をする。そのなかで、一人一人の要求や生活リズムに応じて、食事（授乳、離乳食）、睡眠、遊びを並行して行うことができるよう、保育室のスペースを分けたり、活動の場を変えたりするなどの工夫をして、それぞれの子どもにとって清潔、安全で安心して生活できるような「十分に養護の行き届いた環境」※12を保育者が丁寧に創造していくことが重要である。（図5－1参照）

(3) 職員間の連携と家庭との連携

> **事例1　一人一人に寄り添った保育**
>
> 　アキオは母親の産休明けすぐ（生後8週間）の入園である。両親の就労のため、朝7時半から午後は6時までと長時間の保育を必要としている。まだ授乳、睡眠のリズムが定まらず、3時間ごとの授乳を基本としているアキオの保育について、事前に職員間で入念に打ち合わせを行った。

※10　愛着
心理学者ボウルビィ（J. Bowlby）によって確立された理論（愛着理論）。乳幼児と特定の大人との間に形成される愛情の絆。

※11　基本的信頼
精神分析学者エリクソン（E. H. Erikson）が示した用語。乳児期に獲得される、人格の基礎となる力。周囲の大人から十分な世話を受け、欲求が満たされる経験が積み重なると、乳児はこの世界が自分を受け入れてくれるという基本的な安心感を形成する。

※12　「十分に養護の行き届いた環境の下に、くつろいだ雰囲気の中で子どもの様々な欲求を満たし、生命の保持及び情緒の安定を図ること」（「保育所保育指針」第1章総則　1保育所保育に関する基本原則(2)保育の目標　ア（ア））。

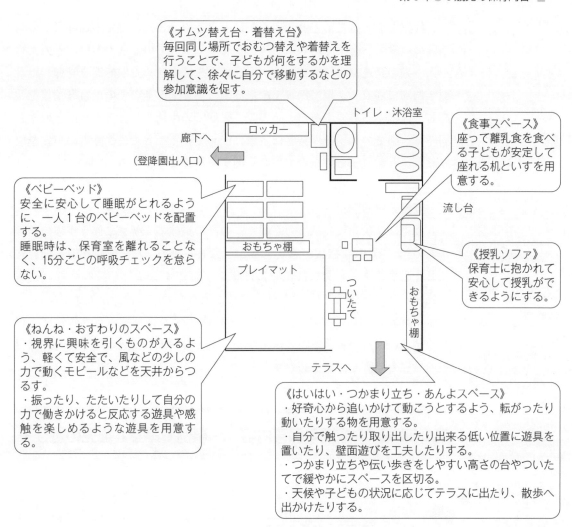

図5－1　0歳児クラスの保育室例

　まず、保護者に家を出る直前の授乳を依頼し、できる限り職員が少ない早朝保育の時間での授乳を避けるようにする。それでも授乳が必要な場合に備え、保健師（この園では、調乳は基本的には保健師が行うこととなっている）が前日の退勤時に調乳の用意をし、早番の保育士に申し伝える。日中は0歳児担任3人のうちの1人の保育士がアキオの担当となり、アキオの授乳のペースに応じて対応する。また、毎月打ち合わせのなかで、アキオとクラス全体の生活のリズムと保育士の動きを確認し、毎日ホワイトボードに授乳スケジュールと実際の時間を記入することで、保健師をはじめとした他の職員が情報を共有できるようにした。

0歳児クラスは月齢差・個人差が最も大きい。また、特定の保育者との信頼関係（愛着）を築くために、担当制を取り入れている園も多い。そのため、一人一人の発達や姿に寄り添い、家庭での生活も含めた24時間を見通した計画を個別に作成し、担当保育士や保健師、調理師、その他の職員と情報を共有し、連携する必要がある。その際、家庭での生活を保護者から聞き取ると同時に、園での様子を保護者に丁寧に伝えていくことで、保護者の不安を取り除き、ともに子どもを育てていく関係を築くようにする。

(4) 安全・事故防止

　0歳児は「疾病への抵抗力が弱く、心身の機能の未熟さに伴う疾病の発生が多い」[※13]。軽微な症状が急変することもあるため、常に健康状態を把握しておく必要がある。特に睡眠時には状態が急変することもあるため、SIDS（乳幼児突然死症候群）[※14]の予防も含め、睡眠中の呼吸確認が欠かせない。

　また、乳児期に多い嘔吐[※15]、誤嚥・誤飲[※16]やアレルギー[※17]への対応、行動の発達に伴った転落や物の落下など、子どもの成長発達に応じて適宜保育室の環境を見直していく必要がある。

第2節 ● 0歳児の保育内容　―事例でみる0歳児の遊び―

> **事例2　喃語の発声**
>
> 　生後3か月のリョウタは機嫌のよいときに手足をうごかしながら、「ウクウク」「アー」など声を出す。保育者がその声に反応して同じように「ウクウク」と言うと、反応するように手足を動かし、保育士を見つめる。保育者は「うれしいね」と笑顔で話しかける。

　0歳児は言葉を発しないが、大人の発する言葉をよく聞き、まねようとすることで言葉の獲得の素地を学んでいる。保育士は、子どもが物や行動と言葉を一致させたり、自分が発した声に反応して温かく返してくれるうれしさを感じたりすることができるよう、優しく語り掛けることが必要である。

※13　「保育所保育指針」第2章　1乳児保育に関わるねらい及び内容(3)保育の実施に関わる配慮事項ア。

※14　SIDS（乳幼児突然死症候群）
厚生労働省では、「それまでの健康状態および既往歴からその死亡が予測できず、しかも死亡状況調査および解剖検査によってもその原因が同定されない、原則として1歳未満児に突然の死をもたらした症候群」と定義している（引用：厚生労働省ウェブサイト「乳幼児突然死症候群（SIDS）について」）。

※15　嘔吐
乳幼児は体調不良ではなくとも、のどへ食物の刺激で簡単に嘔吐反射が起こる。嘔吐の状態を観察し、病的なものが反射性の嘔吐であるかを判断する。

※16　誤嚥と誤飲
誤嚥：通常食道へと送り込まれるはずの食物や唾液などが、何らかの理由で誤って咽頭、気管に入ってしまう状態のこと。
誤飲：食物以外の物（小石やおもちゃなど）を誤って飲み込んでしまうこと。

> **事例3　活動範囲の拡大**
> 　生後9か月のヨシコは、はいはいで素早く動くことができるようになっている。保育士が後ろから「まてまて～」とはいはいで追いかけると、キャッキャと声を出して笑いながら、スピードを上げて逃げる。少し行くと、保育士がついてくることを確認し、"もっとやって"と誘うかのように止まって笑顔で振り返る。また保育士が「まてまて～」と追いかけると、喜んではいはいをする。

　「ずりばい」や「はいはい」など、自分で移動できるようになる時期には、保育士との追いかけっこやボール遊びなど、動きを誘う働きかけや遊びを積極的に取り入れる。クッションや寝転んだ保育士を乗り越えたり、階段を上ったりすることも大事な経験である。

　活動が大きく活発になるにつれ、転倒や落下物などの思わぬ事故も増える。しかし、危険だからと静止するばかりでなく、子どもの安全に配慮しつつ必要な経験を生み重ねることができるよう見守り、支えることが必要である。

> **事例4　やりとりを楽しむ**
> 　生後11か月のマリは、保育士が「ちょうだい」と言って手を差し出すと、持っているぬいぐるみを渡すしぐさを見せる。そこで保育士が「ありがとう」と言ってマリの手からぬいぐるみを受け取ると、「ダアッ」と大きな声を出す。保育士が「どうぞ」とそのぬいぐるみを渡すと受け取って笑顔になる。また保育士が「ちょうだい」と手を差し出すと渡しては、返してもらうことを繰り返し楽しむ。

　この頃には要求がはっきりして、動作や表情で思いを伝えたり、喃語に感情がこもったり、おとなと簡単なやり取りを楽しむこともできるようになる。さらに、ほかの子どもに関心を示すような姿も見られるようになる。

　また、保育者などの身近な他者からの要求や、期待（「ちょうだい」）に応えることで相手が喜ぶ姿（「ありがとう」）を見て、自分も嬉しくなる様子からは、「人のために何かしたい」という思いが0歳の頃から育ち始めていることがわかる。

※17　アレルギー
アレルギーとは、本来体のなかを外敵から守る働きである免疫反応が、無害なものに過剰に反応してしまう疾患のこと。近年特に問題となっている食物アレルギーについては、「保育所で"初めて食べる"食物を基本的に避け、"完全除去"か"解除"の両極で対応を開始するとよい」（引用：厚生労働省「保育所におけるアレルギー対応ガイドライン」2011年）。

●「第5章」学びの確認
①誕生から1歳までの子どもの発達を確認し、理解しよう。
●発展的な学びへ
①0歳児の発達の特徴と発達に応じた遊びや保育士のかかわりについてまとめてみよう。
②保育所保育指針の「養護に関わるねらい及び内容」「教育に関わるねらい及び内容」（5領域）と0歳児の育ちを見る3つの視点とがどのように関連しているか話し合い、まとめてみよう。

参考文献

汐見稔幸・小西行郎・榊原洋一編『乳児保育の基本』フレーベル館　2007年
今泉信人・南博文編『教育・保育双書第6巻　発達心理学』北大路書房　1994年
志村聡子編『はじめて学ぶ　乳児保育』同文書院　2009年
無藤隆・汐見稔幸・砂上史子『ここがポイント！3法令ガイドブック』フレーベル館　2017年
厚生労働省ウェブサイト「乳幼児突然死症候群（SIDS）について」
　http://www.mhlw.go.jp/bunya/kodomo/sids.html
厚生労働省「授乳・離乳の支援ガイド」2007年
　http://www.mhlw.go.jp/bunya/kodomo/pdf/hoiku03.pdf
厚生労働省「保育所におけるアレルギー対応ガイドライン」2011年
　http://www.mhlw.go.jp/bunya/kodomo/pdf/hoiku03.pdf

●○● コラム ●○●

0歳児の手作りおもちゃ

　既製品のおもちゃは世の中にたくさん溢れているが、子どもの興味に応じて、身近な素材を使って子どもが楽しめるおもちゃを手作りするのもよいだろう。子どもの興味や発達に応じて工夫できるのも手作りならではである。

　0歳児のおもちゃには風やちょっとした力で動く（揺れる、転がる）もの、感触がよく、振ったり、たたいたり、引っ張ったりして働きかけることで動いたり音が鳴ったりして反応するなどの要素をもったものがよいだろう。

　また、保育者が子どもに与える物は「美しく（色、形が整っている）、丈夫で（少々乱暴に扱っても壊れたり小さい部品が外れたりしない）、安全（口に入れても無害な素材を使用する、尖っていたり指などを挟んだりする部分がない）」であるように留意しよう。

≪いろいろなガラガラ≫

　様々なサイズのペットボトルに木の実やビーズを入れる。ふたが外れてしまわないよう、接着剤で確実に止める。
　マヨネーズのボトルは感触も楽しめる。透明のチューブで2つのボトルをつないでも面白い。

≪ぱっちん　いないいないばあ≫

　2枚重ねたフェルトの内側にアップリケをつけ、端にスナップボタンをつけ、開いたり閉じたりできるようにする。
　指先に力が入るようになってきたら、マジックテープにすると、音や感触が楽しめる。

≪ぽっとん落とし≫

　ミルク缶やみその保存容器など、シールふたの容器のふたに穴をあけ、穴のふちを布ガムテープで丁寧にはる。周りに布や広告紙等をはる。
　5、6センチに切ったホースや厚紙で作った円盤、チェーンリングを入れる。
　ハンカチなど軟らかい布を入れておいたものを引っ張り出すのも楽しい。

第 **6** 章　**1歳児の保育内容**

◆キーポイント◆

　保育所保育指針は、「健康」「環境」「人間関係」「言葉」「表現」の各領域における保育の内容が、養護における「生命の保持」および「情緒の安定」と一体となって展開されるものであることを保育所保育に求めている。これを念頭に置き、本章では保育者が保育の専門職として、1歳児の健やかな身体の成長と、しなやかな心を育むための保育内容を検討し、保育計画を立案するための考え方を身につける手がかりを提示する。保育者には「1歳児にどのようにかかわるのか」といったHOW TOの習得にとどまることなく、一人一人の発達に寄り添って保育計画を立案し、ねらいを明確にした上で1歳児にかかわっていく姿勢が必要である。

第1節　1歳児の発達的特徴と保育上の留意点

1 ── 1歳児の発達的特徴

(1) 1歳児の発達のとらえ方

　乳幼児期の発達プロセスには、身体面、精神面のいずれの面においても共通性や順序性があり、どの子どもも似たような道筋をたどって成長する。身体面の発達は、各器官の発達と運動機能の発達とに大別できる。たとえば、運動系には発声・発話が含まれる。精神面の発達は、情緒の発達、社会性の発達、言語理解の発達、象徴機能の発達などに大別できる。

　そうした各側面の発達が相互に影響しあいつつ、子どもの成長・発達は進んでいく。発達の過程には一定の順序性がみられる一方で、発達の速度については個人差が大きい。したがって保育者は、基本的な乳幼児の発達の過程を掌握した上で、実際の保育でかかわる一人一人の子どもの実態を把握し、配慮点や手順を保育計画[※1]に位置づけていくことが大切である。

　本章では、1歳前後の子どもの発達過程を中心に整理する。読者には、子どもの発達の連続性、および乳幼児期の発達過程の全体像を念頭に、1歳児の発達の理解を進めていただきたい。

※1　保育所保育指針第1章3保育の計画及び評価(2)指導計画の作成
ア　保育所は、全体的な計画に基づき、具体的な保育が適切に展開されるよう、子どもの生活や発達を見通した長期的な指導計画と、それに関連しながら、より具体的な子どもの日々の生活に即した短期的な指導計画を作成しなければならない。
(ア) 3歳未満児については、一人一人の子どもの生育歴、心身の発達、活動の実態等に即して、個別的な計画を作成すること。

(2) ダイナミックに変化する1歳児の体と心

　乳幼児期は身長や体重のみならず、外からは見えにくい神経系についても、著しく発達する時期である。中枢神経系の一部である脳の重量は、出生時の350～400gから、1歳時には800g程になり、5～6歳時に成人の重量（1,200～1,400g）の約90％まで発達する。乳幼児は、外界からの刺激を視覚器官・聴覚器官・嗅覚器官・味覚器官・皮膚などで感受し、神経系に伝達することによって、身の回りのものや状況、およびそれらの変化を把握（知覚）する。そして、榊原が「知覚をともなわない運動は、通常の状態では存在しない」[1]と述べた通り、乳幼児は知覚した情報をもとに、表情や動作、発声、発話等の方法を用いて、外界の人々にさまざまな情報を表出する。インプットがアウトプットにつながり、そのアウトプットに対する周囲の人々や物の反応が、次のインプットにつながる。このような経験の蓄積によって、乳幼児は生活に必要なさまざまなスキルを習得したり、言語を獲得したりする。

　保育者は、このように外界の影響を受けてダイナミックに体と心を変化させる1歳児と生活時間の多くをともにする。したがって、保育者の傾聴や配慮ある言葉かけ、及び援助の内容が、子どもの育ちに影響を与えることを十分に理解した上で保育にあたる必要がある。

(3) 1歳児の発達の全体像を捉える

　図6－1に、1歳前後の子どもの発達のプロセスを身体面と精神面の両視点から整理した。図内の生活年齢（CA）は目安であり、乳幼児期が発達の個人差の著しい時期であることを念頭におき、発達過程の全体像を俯瞰していただきたい。図を見ると、1歳前後の子どもの発達プロセスを「神経系・知覚」「言語表出・音韻」「対人コミュニケーション」「言語理解（意味・統語・語用）」「状況理解」「内言語機能・象徴機能」「粗大運動・微細運動」あるいは「発声器官・構音器官」[※2]の側面から確認できる。各項目を横方向につなぐ線は、各側面の発達状況が、他の側面の発達にどのように関係し、影響しあっているのかを示している。たとえば、神経系や構音器官といった身体的発達の状況と、言語理解、状況理解、運動機能の発達状況とを照らし合わせることによって、「なぜ1歳の半ばを過ぎた頃に語彙爆発[※3]が生じるのか」などを考察する題材ともなる。

　一人一人の乳幼児の表情や動作、発声、発話等には、それらにつながる身体的もしくは精神的な理由、あるいは外界の環境等の理由がある。それを考慮した上で保育者は、その理由に気づく視点、理由を知ろうとする意欲を持ち続けることが大切である。筆者は、図6－1の発達プロファイルが、その

※2　発声器官・構音器官
図6－1では省略。
発声器官：声を出す器官で、声帯、喉頭軟骨、喉頭筋等がある。
構音器官：発音に関係する器官で、鼻腔、口腔（口唇、歯、口蓋、舌等）、喉頭腔、咽頭腔がある。
1歳半を過ぎる頃、口腔顎顔面領域の筋肉、骨、神経系、咽頭部等の発達により、多様な言葉の発音が可能となる。

※3　語彙爆発
1歳の半ばを過ぎた頃、子どもの表出言語が爆発的に増加する現象を「語彙爆発」という。1973年にネルソン（Nelson, K.）が英語学習児を対象とした研究を行なって以降、複数の研究報告がある。
Nelson, K. (1973). Structure and strategy in learning to talk. Monographs of the Society for Research in Child Development, 38, Serial No. 149.

理由を知るための手がかりとして用いられることを期待する。

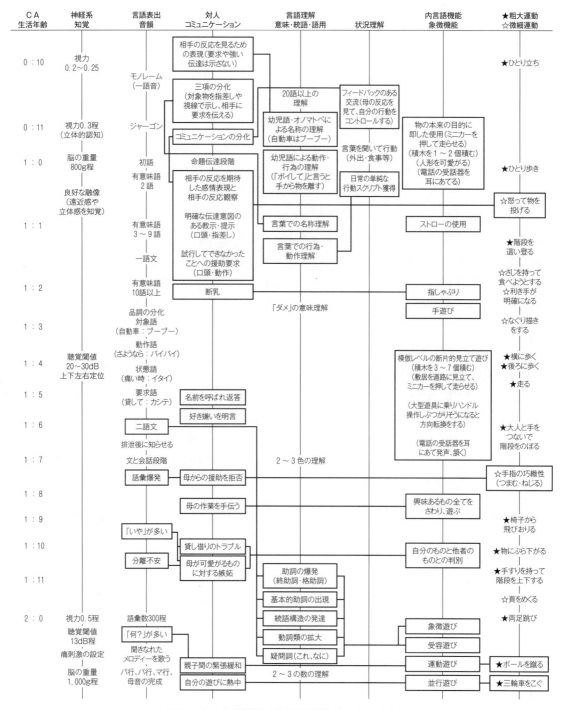

図6−1　1歳前後の幼児の発達プロファイル

出典：前橋明『子どもの健康福祉指導ガイド』大学教育出版　2017年等をもとに筆者作成

2 ── 1歳児の保育内容と留意点

(1) 保育中の事故防止─誤嚥・誤食─

　哺乳期の子どもは、口腔内に哺乳窩と呼ばれるくぼみや、頬部内側の厚い脂肪といった、哺乳に有利な特徴をもつ。呼吸を止めることなくお乳を飲むことができた子どもは、哺乳期を過ぎると次第に口腔内や咽頭の構造を変化させていく。それによって言葉を正しく発音することや、固形物を咀嚼し嚥下する（飲み込む）ことが可能となる一方で、呼吸と同時の嚥下は不可能となる。離乳期以降の子どもは、呼吸のための空気と食物とが同じ道を通る構造であるために、食物の嚥下時には協調した動きが必要となる。嚥下時のタイミングがずれると、食物が間違って気管に入る「誤嚥」が起こる。

　幼児では、気管支異物として最も頻度の高いものは豆類である。保育者は、歯があっても十分に噛まない子どもがいることを踏まえて、幼児への食物の与え方に留意が必要である。また、食物以外の物を食べる「誤食」についても、子どもが好奇心や探究心をもってさまざまなものにかかわる時期であることを踏まえて、保育室及び園庭等の環境設定に十分な事故防止への配慮が必要である。

(2) 自我の芽生えを尊重した保育者の言葉かけ

　保育所保育指針の第2章2「人間関係」の内容の取扱いには、思い通りにいかない場合の子どもの不安定な感情の表出について、保育者が「受容的に受け止める」「立ち直る経験や感情をコントロールすることへの気づきにつなげていけるよう援助する」とある。1歳児は、「自分でやりたい」という気持ちが強くなる時期であり、保育者から行動を制止されたり、必要としていない援助を提供されたりした場合には、不快な感情を表出して援助を拒否することがある。また、保育者の援助を受けることなく自分でやってみたものの、思うように結果が伴わない場合には、周囲の人や物にやつあたりをすることもある。保育者は、この時期の子どもが、自分でやりたい気持ちや残念な思いを言葉で説明する力が未熟であることを念頭におき、子どもの思いを受け止めたうえで言葉かけをすることが大切である。そのために保育者は、「今はイヤなのね」といった受容の言葉や、「一緒にやる？」という選択肢の提供、「できたね」と努力を認める言葉、子どもが失敗した時に励まし、次の自発的な行動への動機づけにつながる言葉など、温かい言葉のバリエーションを豊富に準備しておくことが望ましい。

第2節 ● 1歳児の保育内容

1 ── 1歳児クラスの環境構成─室内─

⑴ 保育者とのやりとり・遊びを楽しむ

　保育所保育指針の第2章2「言葉」の内容の取り扱いには、「楽しい雰囲気の中で保育士との言葉のやり取りができるようにする」とある。1歳の子どもが、保育者に親しみをもって自分の感情や要望を伝えるようになるには、「子どもが保育者を信頼していること」「保育者とのやり取りに心地よさを感じていること」が前提となる。語彙爆発期を迎える前の子どもは、歯の萌出等の構音器官の発達を待ちながら、保育者が発する言葉を数多く吸収しながら準備を進めている。発話行為は運動の範疇にあることから、聴覚的な言語理解力が未熟で、かつ発話語彙数の少ないこの時期の子どもにとって、保育者とのやり取りは言葉遊びと運動遊びの両方の要素を併せ持つ。これらを考慮に含めて、子どもとの信頼関係づくりに向けたかかわり方として「ふれあい遊び」を取り入れたい。

　ふれあい遊びは、保育者が言葉だけでなく、言葉をかけながら子どもの手などに優しく触れることによって、聴覚と皮膚感覚の両面へのアプローチが可能となる遊びである。さまざまなふれあい遊びが考えられるが、短いフレーズの言葉をかけ合いながら一緒に体を動かす遊びや手遊び等を通じて、保育者とやり取りをする心地よさを体感できるとよい。たとえば「むすんでひらいて」「げんこつやまのたぬきさん」「ぶーぶーぶー」等、拍手や動物の鳴き声が出てくるような手遊びや、「一本橋こちょこちょ」「ぎっこんばったん」「なべなべそこぬけ」等のわらべうたを使ったふれあい遊びも楽しい。

⑵ 物とのかかわりを楽しむ

　直立二足歩行が安定するにつれて手指の操作もより自由にできるようになっていく。そのなかで、物をつまんだり引っ張ったりすることや、物を通すこと、道具を使うことなどが楽しくなる。そこでたとえば、箱の穴から物を入れたり出したりする遊びや、鈴や小さなボールを斜めの筒に入れて転がる様子を見ること、ひも通し、積木などを積むこと等の遊びができる環境づくりを工夫したい。また、階段の上り下りや斜面をはって登ることも楽しいので、安全に配慮しながら室内でもマットや滑り台を工夫して高低差のある

環境を構成できるとよい。

(3) 一緒に食事を楽しむ

　離乳後期の子どもは、歯茎ですりつぶすことによって離乳食を食べ、栄養の大部分を離乳食から摂取するようになる。さまざまな食品に触れるなかで、味や食感の好き嫌いも明確になってくる。この時期の子どもは手づかみで食べることにより、手、口、唇、舌、顎などの運動機能を発達させると同時に、食品の硬さや食感、一口分の大きさなどを認識する。一度に多量の食品を口に入れる子どももいることを考慮に入れて、保育者は子どもが手づかみで食べやすい食品を用意すると同時に、子どもに「ゴックンしようね」と声をかけながら、確実に嚥下できていることを見守ることが大切である。

　1歳7か月頃になると自分で食べようとする気持ちがより強くなり、こぼしながらもさじを持って食べようとする。子どもが十分に咀嚼してから嚥下するように、保育者が噛む姿を実際に示しながら、子どもに「カミカミしようね」と言葉をかけ、よく噛んで食べる習慣を習得させたい。

　子どもは、食品の味だけでなく、見た目や匂い、口に入れた後の食感などの好みも認識する。なかには特定の食品に対する強いこだわりを示す子どももいる。偏食が強い場合は子どもが完食できたか否かにとらわれることなく、保育者や他児がおいしそうに食べる姿を見せたり、明るくなごやかな食事の雰囲気をつくったりして、子どもにとって食事が楽しい時間帯となることを優先したい[※4]。また、食材の切り方や味つけなどの工夫を職員全体で検討し、改善していくことも大切である。

※4　保育所保育指針第3章2食育の推進(1)保育所の特性を生かした食育。
イ　子どもが生活と遊びの中で、意欲をもって食に関わる体験を積み重ね、食べることを楽しみ、食事を楽しみ合う子どもに成長していくことを期待するものであること。

2 ── 1歳児クラスの環境構成─戸外─

(1) 保育者と一緒に自然と触れ合う

保育所保育指針の第2章2「環境」のねらいには、「見る、聞く、触るなどの経験を通して、感覚の働きを豊かにする」とある[※5]。外界のさまざまなものに興味をもち、自主的に探索活動を行うようになる1歳頃の時期に、身近な植物などの自然と触れ合うことは、子どもの情緒を安定させ、感覚の機能を高める上で大きな意味をもつ。

※5 保育所保育指針の第2章2「環境」21歳以上3歳未満児の保育に関わるねらい及び内容 ウ環境 (ア)ねらい。
③見る、聞く、触るなどの経験を通して、感覚の働きを豊かにする。

(2) 自然の玩具で遊ぶ

保育者が子どもと一緒に木の葉を見て、季節ごとに変化する色の美しさや形の面白さを共感したり、触って手触りを楽しんだり、子どもの耳もとで小枝をゆらし、葉と葉がぶつかり合う音を聞いたりすることによって、子どもの視覚、皮膚感覚、聴覚を心地よく刺激することができる（図6-2参照）。落ち葉の季節には、保育者が落ち葉のプールを作って子どもと転げまわり、落ち葉がつぶれる軽く快い音や、落ち葉に優しく身体を包まれる感覚を一緒に味わうことができる（図6-3参照）。また、雨があがった後には地面の土から上がってくる匂い（ペトリコール）を保育者と一緒に体感することも、子どもの嗅覚と心を刺激する有意義な経験となる。

このように自然物や自然現象は、人工物にはない繊細な刺激を子どもに与える適切な教材となりうる。したがって保育者は、子どもの発達過程に即して安全に配慮した上で、自然から得た教材を提供することが重要である。

図6-2 葉っぱがぶつかる音を聞こう【春・夏】

図6-3 落ち葉のプールで遊ぼう【秋・冬】

●「第6章」学びの確認
①子どもの身体的・精神的な発達過程を確認しよう。
②1歳児の健やかな身体の成長と、しなやかな心を育むための保育内容を検討し、保育計画を立案するための考え方を整理しよう。
③保育事故の防止に、保育者が大きく貢献できることを理解しよう。
●発展的な学びへ
①「生命の保持」「情緒の安定」と各領域の保育内容とを一体として展開する指導案を立ててみよう。
②保育事故を未然に防ぐために、保育者が行なうことの優先順位を考えてみよう。

引用文献

1）榊原洋一「ヒトの発達とは何か」『BME』第12巻第7号　日本生体医工学会　1998年　p.8
2）日本小児科学会こどもの生活環境改善委員会『日本小児科学会雑誌』第118巻第3号　日本小児科学会　2014年　pp.132－133

参考文献

前橋明『子どもの健康福祉指導ガイド』大学教育出版　2017年
岩立志津夫・小椋たみ子編『よくわかる言語発達［改訂新版］』ミネルヴァ書房　2017年
横井茂夫「口腔機能の発達から見た哺乳・離乳・嚥下」『日本気管食道科学会会報』第49巻第5号　日本気管食道科学会　1998年　pp.405－410
今井和子『見えてますか？　子どもからのシグナル　0歳児から5歳児　行動の意味とその対応』小学館　2016年
日本小児在宅医療支援研究会ウェブサイト「乳幼児の在宅医療を支援するサイト」
　http://www.happy-at-home.org/6_7.cfm

●○● コラム ●○●

子どもの重篤なけがを防止するために

　子どもは、自らの興味・関心の向くままに活発な探索活動をするなかで、保育者にも想像がつかないような理由でけがをすることがある。子どものためにつくられた玩具であっても、乳幼児はそれらを製作者が意図した正しい使い方で使用するとは限らない。ここでは、日本小児科学会が提供している「Injury Alert（傷害速報）」をもとに、子どもの傷害事例を紹介する。

　たとえば、万華鏡の覗き穴や、吹き矢の筒に指を入れて抜けなくなった2歳児の事例、子ども用工具で遊んでいて、ナットに入った指が抜けなくなった3歳児の事例等がある。そのほか、毛髪や糸が子どもの手指や足に巻き付き、腫張、虚血、変色を生じさせた事例もある。このように、異物が指を圧迫した状態が続くと静脈・動脈の循環障害が生じることから、異物を速やかに除去する必要がある。保育現場で子どもが異物に指を圧迫されている状態を発見した場合には、テープを指に巻いて腫張部分を圧迫し、白色ワセリン等を塗布して滑りをよくしたうえで異物を回しながら引き抜くと、除去できる場合がある。皮膚が青紫色になったり、毛細血管再充満時間（爪を圧迫した後に解放し、爪の内側の色が戻るまでの時間）の延長（2秒以上）が確認できたり、子どもの痛がり方が強くなったり、皮膚に開口や亀裂があったり、指の骨折が疑われるような場合には、異物を切断する。

　保育者は、子どもの探索活動が重篤なけがにつながることのないよう、玩具を含む保育環境の整備や応急処置の方法を理解し、日頃よりトレーニングをしておくことが望ましい。

第7章 2歳児の保育内容

◆キーポイント◆

　本章では、2歳児の発達特徴を学ぶ。2歳児は第一次反抗期と呼ばれる時期であり、その対応には専門的な知識に裏付けられた援助が必要となる。発達的特徴を知り、ちょっとしたコツを覚えておくだけで、保育者も子どもも保育を楽しむことができるようになる。

　具体的な事例を交えてあるので、実際にイメージをしながら、自分ならどう援助するか、その方法を具体的に考え、すぐに実践できるようにしておくとよい。

　また子育て支援も視野に入れ、保護者と連携して子どもを24時間、365日丸ごととらえることで、子どもに対しても保護者に対しても細やかな援助が可能になるだろう。

第1節 ● 2歳児の発達的特徴と保育上の留意点

1 ── 2歳児の発達的特徴

(1) **イヤイヤ期**

① イヤイヤ期って何？

2歳児は「イヤイヤ期」「魔の2歳児」と表現されることが多い。これは2歳児の発達的特徴を表しており、第一次反抗期と呼ばれるものである。1歳児は「ごはん食べようね」と大人から促されれば、ごはんを食べに来ることが多いが、2歳児は簡単にはいかない。

事例1　自分で決めたい

　2歳になったコウヘイは最近、言われること何にでも反発する。
　母親が「お風呂に入ろう」と誘うと「イヤっ！」と言って入ろうとしない。母親がダメなら父親がと言わんばかりに「じゃあ、パパと一緒にお風呂入ろう」と言っても「イヤっ！」と拒否をする。しかし、「ママとパパとどっちと一緒にお風呂入る？」と聞くと「ママト、ハイル！」と言って、あっさりお風呂場に向かっていく。

この事例、まさしく「イヤイヤ期」なのである。

② なぜ「イヤッ！」と言うのだろうか。

「イヤッ」と言う理由は、一言でいえば「成長したから」である。もう少し専門的にいうと「自我が芽生えてきた」からである。1歳半ごろから2歳ごろまでは親と自分が同じ存在だと思っていたが、少しずつ母親の一部ではないという意識が生まれ、「自分」というものを発見して意識するようになる時期といわれている。自我というのは自分を意識する心の動きのこととともいえる。たとえば、子どもが靴を履こうとしているときに、母親がそれを手伝おうとすると泣いて怒り始める。これは、「自分で履く」が「母親が履かせた」になってしまったので怒るのである。注目したいところは、自分と母親とは違うという線引きをしている所である。これが自分を意識する心の動きといえる。このように、自分と他者の線引きをすることを繰り返していくことで、さらに自分への意識が強くなり、何が何でも自分の主張を貫き通そうとするという行動に表れてくる。

上述したお風呂の例でいえば、「お風呂に入ろう」は母親の「指示」なのである。「ママとパパとどっちと一緒にお風呂に入る？」はママかパパか選ぶことができるため「自分で選んだ」ことで「自分の意志」がしっかりと尊重されているのである。つまり、すべて自分が決めたいのであり、そうでなければ「イヤっ！」と言うのである。

③ 手伝って欲しいけれど、手伝って欲しくない！

事例2　自立したいけれど、甘えたい

ショウコは、靴下を履くとき「ジブンデ！」と主張する。母親は、ショウコの思いを尊重しようと自分で履くのを待っていると「デキナイ！」と怒り出す。それではと、ショウコを手伝おうとするとさらに怒る。

「自分でやるの？」と聞くと「ジブンデ」と言うので、「じゃあ、やってごらん」と伝えると「デキナイ！　ヤッテ！」と言うため、手伝おうとするとまたまた「ジブンデ！」と言って怒り出す。

このような場面は子どもが、自分でやりたいけれど手伝ってほしいという心の揺れ動いている様子が表れている。自分でやりたいけれど、できないこともたくさんあり、くじけてしまうのである。そのような時はまだまだおとなにその気持ちを受け止めてもらいたいのである。自立したいけど甘えたいという板挟みの時期なので、おとなにしっかり甘えを受け止めてもらうことが必要となる。それを土台にして少しずつ自立していくのである。

④ わがままのように見えるが、このままで大丈夫なのだろうか？

事例3　マキちゃんはわがまま？

　マキは、自分の気に入った服がないと他の服を着ようとしない。ある日、お気に入りの服はすでに洗濯中であるため、母親が、「あの服は洗濯中だからないよ」と言うとひっくり返って大泣きした。どうしても他の服では納得できないのである。
　またあるお出かけの日。靴を履いて外に出ようと促しても、マキは遊んでいて靴を履こうとしなかった。父親が「今からお出かけだから靴を履こうね」と促しても「イヤっ！」と言い、「じゃあ、お出かけ行かないの？」と聞くと「イヤっ！」と言い、「じゃあ、靴履こうよ」と促すと「イヤっ！」と言う。

　このような姿をみせるため、まわりのおとなからみると、わがままな行動と捉えられることが多い。このような姿は子どもが発達する上で表れるものであり、発達するにつれて自己コントロールができるようになると収まってくることが通常である。そのため、過度に心配の必要はなく、発達過程の一つとして認識しておくことが必要である。

(2) 言葉の爆発期

　今まで一語文だったものが、二語文になり、多語文を話すようになり急激に増えるために言葉の爆発期と呼ばれる。これまで食べものはすべて「マンマ」だったものが「パン」と言えるようになり、「オヤサイ、イラナイ」と伝えられるようになる。それと同時に、相手に伝えたいという気持ちが育ってくる。しかし、言葉が充分でないために上手く伝わらないと怒って泣いてしまうことも多くある。「○○ちゃん、うんうん、それでそれで？」と聞くと、とても喜んで話をしてくれる時期でもある。

(3) 見立て遊びができるようになる

　言葉では十分に思いを伝えられないことがあっても、別の方法で伝えることができる。それは見立て遊びである。おとなのようにやってみたい、私にもできるという気持ちが育ち、その姿を真似することで、「お母さんの真似をしているんだ」と相手に伝えることができる。おとなはこれを「おもしろそうだね」と認める援助が必要となる。また、車で遊びたい場合は車のおもちゃを使っていたが、この時期になると積み木を車に見立てたり、おままごとでごはんを食べたふりをしたりして遊ぶことができるようになってくる。

(4) みんなで一緒に楽しむ

　前述したように、自分と他者の線引きをすることができはじめるので、他者を意識することもできるようになってくる。そのため、少しずつ友達を意識しはじめる時期でもある。たとえば、友達が泣いているとそれに気づき、じーっと見ていたり、頭をなでたりする姿がみられるようになる。また、むっくりくまさんなどの集団あそびも友達と一緒にすることで「友達と一緒だと楽しい」と感じることができるようになってくる。まだまだ、友達と一緒に遊ぶということは難しいが、自我のぶつかり合いをしながら、友達を真似したりして「楽しい」「おもしろい」という気持ちが共有できるような援助が必要となる。

2 ── 安全・事故防止

(1) かみつきが増える時期

　1歳半ごろ以前でもおもちゃの取り合いなどがみられるが、2歳児になると、おもちゃの取り合いのときに相手にかみつくことが多くなる。これは、おもちゃを取ろうとしている「相手がいる」ということが理解できるようになるからである。そのため、おもちゃをもっている手にかみついて相手を撃退し、自分のものにしようとするのである。

　援助としてはまず、かみつきが起きる前に止めるようにする。そして、お互いの思いを「○○ちゃんはこれがほしかったんだよね」「○○ちゃんが使ってたんだよね」と受け止めてあげる援助をすることで、少しずつ順番や交代で使うことができる力が身につくのである。

(2) 危険なことにも挑戦する2歳児

　動きも活発になり、体の動きも少しずつスムーズになってくる。その反面、たとえば、段差から跳ぶことやジャングルジムに登るなど、おとなからみると危険に思えることもたくさん出てくるだろう。まだまだ危険予測はできないため、子どものやってみたいという意欲は大切にしながら、その欲求を満たせるような別の活動を展開したり、環境を整えたりすることでバランスをとることも必要である。

第2節 ● 2歳児の保育内容

1 ── 1歳以上3歳未満児の保育にかかわるねらい及び内容

　保育所保育指針では1歳以上3歳未満児においても5領域のねらい及び内容が記載されている。しかし、これらはあくまで厳密な年齢分けではなく、それぞれの発達は連続したものであるととらえ、個々の様子に応じて丁寧に保障していくことが大切なのである。それらが幼児期の終わりまでに育ってほしい姿につながるように見通しをもち展開していく必要がある。また、3歳未満児の保育内容の重要性がより強調されるようになり、この時期に必要な経験をしっかり積めるような保育内容を組み立てることが求められる。

　また、幼児教育のニーズが高まり、非認知的能力も伸ばしていく必要がある。非認知的能力とは目標に向かって粘り強く頑張れる力や自分の感情をコントロールする力など、一言でいえば、テストでは測ることのできない力のことである。これらは、何かを我慢させる練習をすることで感情をコントロールする力が育つのではなく、愛着関係や基本的信頼感、自己肯定感がしっかり土台にあり、心が育っていくことで身につくものである。そして、それをしっかり伸ばすためには主体的に遊ぶことが欠かせないのである。

2 ── 2歳児クラスの環境構成

(1) 見立て遊びが楽しめるようなおもちゃを用意する

　見立て遊びが楽しめるようになる時期になるため、お手玉やチェーン、かまぼこ板、フェルトなど色々なものに見立てられるものを用意しよう。そうすることで、お手玉をおにぎりに見立てたり、体を洗う石鹸に見立てたり、チェーンをラーメンやスープに見立てたり、イメージを豊かに膨らませながら遊びが充実していくのである。

(2) 自分でできたという満足感が味わえるような環境構成

　何でも自分でやりたい、やってみたいという気持ちが育つ2歳児。保育において環境構成は重要であり、主体性や自主性を育むためにも丁寧に構成していかなければならない。

　たとえば、自分で手を洗ってタオルで拭く場合も、子どもが拭きやすい高

さに配置し、さらに、自分のものだとわかるようにそれぞれマークなどをつけておくことなどが考えられる。

3 ── 2歳児の保育事例

(1) 保育者が率先してなりきって遊ぼう

2歳児は周りの状況や雰囲気などに興味をもつと、すぐに反応を示す（いわゆる「ノリがよい」といわれる）。たとえば、遊戯室から保育室に戻る際、「お部屋に戻るよ〜」と声をかけて、何事もなく戻ることは少ないが、そのような際に遊びを生活に取り入れることで自然と生活習慣が身につくのである。

 事例4　移動や片づけも、すべて遊び

　ある日の自由遊びの時間、遊戯室でコウキがコンビカーに乗って遊んでいた。そこで保育者が、「ピーピー、こちらが駐車場になっております。車はバックで入れてくださ〜い」と言うと、腕を後ろに回し、片手でハンドルをもち、まるでスポーツカーを運転しているかのように駐車しにきた。

　別の一角では、保育者がオオカミ役になっている。「ヘッヘッヘッ、おいしそうな子どもたちだな〜」と変身する真似をすると、子どもたちは怖くて、他の保育者の後ろに隠れた。そこで、「みんなでオオカミをやっつけるぞ！」という他の保育者の掛け声で、一人の子が「アーンパンチッ！」とオオカミ役の保育者に向かってくる。それを見て、みんなも一緒になって応戦する。「うわ〜、やられた〜、覚えてろよ〜」と扉の向こうに逃げていくオオカミの姿を見て「ヤッター！」「バンザーイ」と大喜び。不安そうだった表情も額に汗を浮かべてキラキラした笑顔になっていた。

　保育室に戻る際、「あれ？　なんだか○○組から『たすけて〜』って声がしない？　みんなで様子を見に行ってみよう！」と保育者が言うと、子どもたちは不安で今にも泣き出しそうである。「大丈夫！　先生がみんなを守ってあげるから！」と安心させ、「見つからないように忍者で行こう！」と歩き出す。

「ぬきあし、さしあし、しのびあし♪」と音を立てずに歩くと、子どもたちも「クックック」と笑いを押し殺して笑顔でついてくる。保育室に戻ると「あれ？誰もいないね。あ〜良かった」という言葉を聞き、子どもたちも一安心。

このような形で保育者が遊びのきっかけを作り、なりきって楽しむことで、みんなで遊ぶことのおもしろさ、楽しさを味わうことができるようになる。これも2歳児のおもしろさなのである。

⑵ モノマネ上手な2歳児

以下は、ちょうどスマートフォンが普及しはじめた頃の事例である。

事例5　子どもは細かい動作までよく見ている

ミチコが、かまぼこ板を耳に当て、「ウン、ウン、ハイハーイ、アトデメールスルネ」と話している。かまぼこ板の電話を切ると、画面を指でなぞりメールを打っていた。その歩き方、髪の毛をかきあげる仕草、すべてがミチコの母親とそっくりであった。

様子を見ていた保育者もミチコにならって、「そうだ！ママにメールしなきゃ！」と言ってメールを打ち、送信する真似をすると、「アッ、メールダワ。キョウハ　カレーダヨ　ピッ」と返信してくれる。そして、「アー　イソガシイ　イソガシイ」と言って鍋にお手玉やチェーンを入れてカレーを作り始めた。

ただのかまぼこ板をスマートフォンとしてイメージすることで楽しめるようになる。そして、他者の真似をしながら「あんなふうにやってみたい」という欲求を満たしているのである。このような姿に対し、保育者も子どものイメージのなかで一緒になって楽しむことも重要な援助なのである。

⑶ 友達の力を借りて

排泄の時間は保育者にとっては特に工夫を必要とする部分である。一日に複数回あり、それが毎日あるので、この時間を苦手とする保育者も多い。当然、「トイレに行こうね」と誘っても、排泄すること自体には魅力がないためなかなか来てくれないだろう。そこで、「○○ちゃんとお手てつないでいこうか」と提案すると、すくっと立ち上がり、友達と手をつないでトイレに行く事がある。そこで、保育者は「おんなじだね」と声をかけると顔を見合わせて嬉しそうにニコニコしてトイレに入っていくのである。

(4) 指導案作成の留意点

　これまで述べてきたように、2歳児にとって言葉かけひとつでその後の保育の流れが変わってしまう。そこで、子どもたちがあたかも自分たちで選択し、決定したかのように保育を組み立てるのである。

　具体的には、保育者はどのように遊びのイメージをもって、その遊びへのきっかけを作り、それを子どもたちと共有・共感して楽しむのか。そして、「イヤッ！」と拒否された場合、どのような言葉かけをするのかなど、事前に考えておく事で、そのような状況になっても臨機応変に援助ができるようになるのである。

　また、その遊びに5領域が全て含まれており、総合的に営まれているのか確認しながらねらいをもって作成することも忘れてはならない。

　環境構成は、子ども自身で自由に取り扱いができて、満足感が味わえるような工夫が必要であろう。

写真を貼って片付ける場所が視覚的に理解できるようにするなど工夫すると良い。

● 「第7章」学びの確認
① 2歳児の発達を確認し、子どもの遊びの様子やトラブルを予想して、その援助を考えてみよう。
② 非認知的能力とは具体的にどのような力をいうのか。実際の保育場面を例に挙げて話合ってみよう。
③ DVDなどで保育場面を見て、観察記録をとってみよう。その際にどの部分に2歳児の発達的特徴が出ているのか、また、保育者はどのように援助しているのかという関係に注目して記録してみよう。

● 発展的な学びへ
① 指導案を作成し、グループで見せ合って、気づいた点や改善点などを指摘し合ってみよう。
② 保育の現場でされている子どもの遊びをいくつか挙げ、それらを5領域の視点からみて、総合的な営みとは何かについて意見を出してみよう。
③ 2歳児の発達が0〜5歳児の発達過程においてどのような位置づけになっているのか考えてみよう。

参考文献

加藤繁美・神田英雄監　富田昌平編『子どもとつくる2歳児保育―思いがふくらみ響きあう―』ひとなる書房　2012年

高濱介二・秋葉英則・横田昌子監　大阪保育研究所年齢別保育研究委員会『0-2歳児の保育』研究グループ編『年齢別保育講座　2歳児の保育』あゆみ出版　1984年

●○●　コラム　●○●

2歳児のイヤイヤに振り回される保護者への支援

　保護者は子どもがイヤイヤ期に入り、何でもイヤイヤと言いはじめると、「うちの子はわがままになってしまった」「私の育児が失敗だった」と不安になってしまうことがある。母親もまだまだ母親2年目なのである。そこで、専門的な知識とスキルをもった保育者がサポートをする必要が出てくる。

【情緒的サポート】

　まずは、保護者がイライラしていたり、疲れた様子をみせたりする変化を見逃さないようにしよう。もし、そのような様子がみられたらこちらから声をかけよう。相手は相談したいと思っているかもしれないが、うまく切り出せない場合もある。そのような時、子どもの成長した喜びを共感できるような事柄から会話のきっかけをつくってみるのである。そのなかで家での様子を聞きながら、さりげなく「困っている」という本音が出てこれば、そこから少しずつ保護者の思いを聞くのである。実際には何もしてあげられない状況であっても、話を聞いてもらえた、この大変さを理解してくれる人がいるというだけで精神的に楽になる場合もある。どの保護者も困っていたり、不安になったりすることを伝えるだけでも「自分だけじゃないんだ」「順調に発達しているんだ」と思うことができ、救われた気分になることもある。

【情報的サポート】

　具体的にわかりやすく知識やスキルを保護者に伝えることなどをいう。子どもがイヤイヤと言っていたら、「自分で靴を選ぶことができるように『どっちの靴にしようか？』と聞くだけでうまくいくときもありますよ」と伝えたり、子どもの意欲を尊重することも大切だけれど、時には切り上げることも必要などと助言することや、これから少しずつイヤイヤが減ってくるなどの見通しを伝えたりすることなどが挙げられる。

第8章 3歳児の保育内容

◆キーポイント◆

　一口に園に在籍する3歳児といっても、すでに何年か園での集団生活を経験した子どももいれば、入園までは家庭保育のみで育てられ、入園を機にはじめての集団生活に入る子どももいる。さらには、家庭保育のあり方も千差万別で、それらが子どもの発達に大きな影響を与え、発達のばらつきを生んでいる。そのようななかでも、すべての子どもが自尊感情を損なうことなく、集団のなかでのびのびと自分らしさや存在感を発揮し、ともに過ごす仲間と影響し合ってよりよく伸びていく援助のあり方が大切となる。

　ともすると、保育者の言うことを聞かせようと高圧的・支配的になりがちであるが、主従関係をよしとするのではなく、子どもの人格を尊重した温かさ溢れる保育で子どもたちを導いていきたいものである。

第1節　3歳児の発達的特徴と保育上の留意点

3歳児の発達的特徴

(1)　発達のばらつき

　幼稚園、保育所、認定こども園（以下、「園」と総称）にいる3歳児には、それまでに保育所等での集団保育を経験している子どもがいる一方で、入園前は家庭で過ごし、集団生活がはじめてで戸惑う子どももいる。また、家庭での過ごし方もさまざまであり、その発達に大きな差が認められる。身体的な発達は、遺伝子にプログラムされているので、栄養を摂取し発達に応じた身体運動を経験すれば定常的な発達が期待される。ところが、精神的な発達や生活習慣は、周りの人間的な環境に大きく左右されるため、同じ3歳児でも大きなばらつきが認められる。

(2)　発達を援助する視点（幼児理解に努める）

　発達に大きなばらつきが存在するため、集団的一斉保育は3歳児には難しい。まずは、一人一人の子どもと信頼関係を結び、1対1での意思疎通を図

ることからはじめていくことが大切と考えられる。子どもがやろうとしていること、たどたどしい発音ながら子どもなりに伝えようとしている気持ちを汲み取り、目を見て傾聴する姿勢を常にもっていたいものである。また、子どもの言動には子どもなりの事情や思いが潜んでいるので、それをしっかりと理解することで、それらの積み重ねが子どもとの信頼関係を築く礎となっていく。

　保育者の指示と子どもの行動が異なることを叱責するだけでは、信頼関係は築けない。また、常に子どもの気持ちを理解しようと接していることで、その思いを理解する能力が保育者に磨かれ、子どもの活動を理解し、よりよい保育へと導いていく保育力も磨かれることになる。

(3)　母子分離

　4月の入園当初、玄関で母親と別れるときに、大声で泣き叫び、母親との別れを拒否する子どもの姿はどこの園でも見られる光景である。これは子ども自身の問題ではなく母子関係の問題であるので、母親の協力を仰ぐことが必要となる。

　子どもが母親から無条件の愛情を受けていると感じる経験の積み重ねで、子どものなかに母親が内在化され、今母親が見えなくなっても、また必ず迎えに来てくれるという思いが育つように親子関係を見直してもらうことが大切である。そして、園で友達と楽しく遊んだり、自分を発揮して充実して過ごすことができるようになると、母親とスムーズに別れることができるようになっていく。また、兄や姉がいる場合は、可能であれば兄や姉のいる保育室で過ごし、できる限り一緒にいられるようにすることで安心して過ごすことができるようになっていく。自分がどこにいるべきかわかっていても、心情的に不安になり、泣いてしまうこともある。困ったことがあったり、寂しくなったりしたら、兄や姉のそばに行けるという安心感も生まれる。

　そして、何よりも大切なことは、保育者と信頼関係を結び、母親がいなくても、自分のことを守り愛してくれる存在が園にもいるということを日々のかかわりを通して子どもが理解していくことであるのはいうまでもない。

(4)　生活習慣の自立と友達の影響

　集団生活のよさは、子どもが友達のよさを取り入れ、互いに学び合い育ち合っていける点にある。友達の言動を取り入れることで、いつの間にか身の周りのこともできるようになっていることが多い。反対に、入園前には「ボク」と言っていたのに、突然「オレ」と言い出したり、大人が使ってほしく

ないと思う乱暴な言葉づかいをしたり、よくも悪くも友達の影響は大きい。

　子どもは子どもなりの自尊心を持って生きており、自尊心を損なわないような言葉がけ、かかわり方が必要とされる。

　近年は、3歳頃でも排泄が自立していない子どもが増えてきている。しかし、園での生活のなかで自立している友達の姿を見たり、自分がトイレに行きたくなくても、友達が保育者に促されていく姿を見て、「自分も」という姿をみせる。誘い合って一緒に遊んだりする友達ができてくると、片付けなども協力して楽しそうにやる姿をみせるようになる。反対に、何かの拍子に友達が保育室を飛び出してしまうと、一緒に、後からついて飛び出し行ってしまったりすることもある。

(5)　信頼関係の構築（幼児理解を通して）

　子どもと保育者間の信頼関係が、共同生活者として大切なものであることはいうまでもない。「私が、あなたの先生よ」と言えば、子どもが保育者のことを信頼してくれるわけではない。日々のかかわりを通して、子どもは保育者のことを信頼するに足る存在かどうかを見極めている。

　たとえば、子どもにとって大切な存在である母親と楽しそうに談笑している姿などをみせると、子どもは安心して保育者とかかわるようになる。また、子どものことを信頼し、子どもの言動に受容的で理解を示す姿勢をみせることも大切である。子どもは、他児と保育者の関係もよく見ており、他児との関係でみせる保育者の姿を、自分のときもみせるに違いないと考えるようになることに留意して、子どもとかかわる必要がある。

(6)　自主性とわがまま

　3歳児は、自分の思い通りに今を生きている。周りのさまざまな環境にかかわりながら、そのなかで、よりよく生きる術を学んでいる。おとなのやることをよく見ていてまねをしようとする。往々にして大人は、自分にとって都合のよい行動をみせる子どもに対しては自主性があると考え、都合の悪い言動を起こす子どもをわがままな性格であるととらえ、その子どもを厳しく叱責したりする。厳しく叱責されると子どもも嫌なので、そのような言動を慎むようにはなるが、他の言動も抑えがちになり、ともすると消極的な子どもにしてしまう怖れがある。子どもは、おとなの嫌がることをしようとして生きているわけではない。子どもの言動に対して許容量の大きな態度で接することで、子どもは安心して自分を発揮できるようになる。

(7) 3歳児の保育における留意点

　3歳児は、自己中心的だった生活から、友達や保育者等との間のかかわり等を通して社会性を身につけていく時期にあたる。また、さまざまなものや事柄にも初めて出会い、知識と技術を広めて行く時期でもある。喜んで活動に取り組み、楽しんで行っている活動が、次の発達のための準備となっていくのである。今できること、興味・関心を抱いてやってみたいと思っていることをできる限り、子どもの考えで実践させることが発達につながる。

　一般的に子どもは、発達に大きなばらつきが存するから、同じように「できる」「知っている」ということを求めすぎると、できないことで他児と比べられ劣等感を感じたり、叱られたりすることで自己肯定感を低下させてしまうおそれがある。確かに「できる」「できない」という比較は、発達を図る一つの指標にはなる。しかし、子どもの主体性からではなく、外からの強制や賞罰によって引き起こされた活動は、子どもの心に訴えかける有意な発達のための活動とはなりにくい。

(8) 3歳児のコミュニケーション

　人間は、コミュニケーションを通して学び育っていくものであるから、子どもと保育者、そして子ども同士のコミュニケーションのあり方の質が問われるのは当然である。

　はじめて園に入園し集団生活を送ることになった子どもは、自分だけに注目されない環境に戸惑うだろう。さらに、はじめて会った保育者から「私が先生だからね」と言われても、理解できないことばかりである。まずは、保育者側から子どもの気持ちを理解して「聴く」という姿勢をもたなければならない。そうすることで、子どもは自分のことを理解し援助してくれる保育者に信頼を寄せ、保育者の話も聞けるようになっていく。

　3歳児はまだ、友達を作り、かかわりながら遊ぶという力が育っていないが、遊びを通して次第に友達関係を育んでいく。たとえば、砂場で遊んでいて、道具の貸し借りをしたり、一緒に同じ作業をする（まだこの段階では友達ではない）。同じ場所で、同じ遊びをしている相手に次第に親近感を抱き、好きだと思い、友達と呼べる関係に発展していく。

　このように砂場に限らず、環境構成において子どもが自分のペースで遊ぶことのできる時間と空間を確保しながらも、関係づくりを援助する保育が必要となる。また、子どもと保育者との会話や子ども同士の会話のなかには、子どもの興味・関心を引きそうな話題がたくさん隠れている。

　子どもは、相手の伝えようとするイメージを想像しながら言葉を理解する

という力が未熟であるので、子どもが理解できそうな平易な言葉を選んで使う必要がある。また、言語の裏に潜む、伝え手側（子ども）の心のあり方に心を配る必要がある。

なお、子どもは、言語を十分に理解する力が十分でないがゆえに、言葉の裏に潜む伝え手側の心のあり方を敏感に察知する力に長けている。保育者は子どもの存在を肯定的にとらえ、共感的理解の姿勢をとることで子どもの信頼を得る手がかりとなる。

第2節 ● 3歳児の保育内容

1 —— 制作遊びからお店屋さんへ

子ども自らが主体的に楽しんで制作遊びに取り組むための保育内容を考える。保育者が考え、指示したものをつくるのではなく、子ども自身が考え、イメージしたものを具現化するプロセスを大切にする。

事例1　ピザづくり

保育者が「あ～、おなかがすいた」と言いながら、大きくて丸いダンボールの板を見せた。すると、子どもたちから口々に、「アンパン」「メロンパン」などと声が飛び、タケシからは「ピザ！」と一層大きな声。「あ～、先生ピザ大好き」と返事をすると、タケシは「ボクもピザ好き！　ピザつくろ！」と意気込む。それを聞いた他の子どもたちも、「ピーザ、ピーザ」と大合唱を始めた。

保育者：よし、わかった。でもさぁ、みんなピザの作り方知ってる？
子どもたち：知ってる、知ってる！
保育者：ほんとかなぁ～、じゃぁ、ちょっとクイズね。ピザのパンの上に塗ってある赤いものはな～んだ？
子どもたち：ケチャップ？
　　　　　　とうがらし？
　　　　　　知ら～ん。
保育者：答えは、ピザソースでした！
子どもたち：へぇ～。
保育者：じゃ、先生がこのピザの生地の上にピザソースを塗ってあげるから、みんなはチーズやいろんなものをトッピングしてくれるかな？」
子どもたち：わかったぁ、そんなのかんた～ん！

保育者は、赤い色画用紙を大きく丸く切り生地に貼り付ける。子どもたちは、黄色い色画用紙を小さな短冊状に切りチーズを作る。白い画用紙を短冊状に切ったものはイカ、茶色の画用紙を切ったものはサラミソーセージなどと言って、楽しそうにはさみを使っている。

そして、ピザソースの色画用紙が貼られた生地の上に糊を付けて、思い思いにチーズや具材をトッピングし、おいしそうなピザが4枚できあがった。タケシの「パロンピザのでっきあがーりー！」の声に盛り上がる子どもたち。しばらくすると、「お店で売ろう！」という提案が生まれた。

事例2　お店屋さんごっこの準備

ピザづくりで子どもたちが盛り上がるなか、隣のクラスでは、チョコバナナが食べたいとチョコバナナが作ってあった。それぞれ売り物の準備は万端、3歳児の2つのクラスでお店屋さんごっこをやりたいという話になった。

ヒロシが「お金がいる！」と気づいた様子。保育者は「ちょっとまっててね」といって、色上質紙に園オリジナルの硬貨と紙幣を印刷してくる。「お金、これでいいかな？」と子どもたちに見せると、「いいでーす」と声を揃える。早速、自分の道具箱からはさみを取り出してきて、切り抜き始める。

「先生、お財布も用意したんだけど、使う？」と、色画用紙を折り、タフロープのひもをつけた簡単な財布を提案すると、子どもたちは保育者の作ったお財布をまねて作り始める。はさみを使って、そこに印刷されている硬貨や紙幣を切り抜いていくのであるが、ハサミの入れ方はさまざまである。

印刷された絵柄に関係なく切り刻む

図柄に沿ってはさみを入れ、印刷された紙幣や硬貨を切り出そうとする

保育者は、子どもたち全員に今から何をどのようにするかを伝え、はさみの使い方も説明していた。しかし、紙幣と硬貨の印刷された色上質紙を渡された瞬間、説明通りに丁寧に切り抜こうとする子どももいれば、自分勝手にハサミを入れ切り刻んでしまう子ども、また、余白を大雑把に切り離してか

ら、きれいに切り抜こうとする子ども、さまざまであった。

　保育者の話をよく聞き、活動の意味をとらえて教師の思い通りの活動の姿をみせる子どももいれば、全く聞いていなかったかのような活動をする子ども、はたまた保育者の予想以上の高度な活動をみせる子どももいる。このとき保育者は、「全く聞いていなかったかのような活動をする子ども」を叱ることはできない。子どもが理解できるように十分に活動の意味を伝えることができていたか、また、保育者の言うことを理解して聞こうとする関係を子どもとの間に作れていたかという保育者側の責任を省みる必要がある。

　丁寧に切り抜きをしている子どもの姿、ハサミの使い方を見て、他の子どもたちは使い方を学んでいっているという側面も見逃してはならない。

　この活動のねらいが「ハサミを使って紙を切る経験をすること」であれば、印刷の内容を無視してたくさん紙を切る経験をした子どもも、ねらいに適っているといえる。もちろん、きれいに印刷された紙幣や硬貨を切り出すことができる子どもの方がハサミを扱う力には長けているといえるが、その子どもでもはじめてハサミを使ったときは、うまく使えていなかったに違いないし、その経験をたくさん積んだからこそ上達したのであろう。今、この時点でハサミを思い通りに操れるかどうかを問うのではなく、さまざまにハサミを使って紙を切る経験を積むという点に着目することが大切である。

　このように3歳児は、さまざまなはじめての体験に出会うのであるが、その一つ一つが子どもにとって、成長のための得がたい体験となっていくことを考え、子どもの興味関心に応じた活動を導くための環境構成や援助指導が大切となる。

2 ── 3歳児の運動遊びのあり方

　3歳児は、身体全体と比較して相対的に頭部が大きく、動きに不安定さを感じる。この時期は、体のあらゆる部位を自分の思い通りに動かせるように、さまざまな動きを経験することが大切であるし、動きをスムーズに行うために、あらゆる筋力と体幹を鍛えることが必要な時期といえる。この時期に培われた筋力と動きのスムーズさは、4歳、5歳でのダイナミックな動きの礎となる。

　そのための運動遊びとしては、まず心が動いて、そのために身体が思いを達成するための動きをするといった遊びであることが発達に資するものと考えられる。以下に、そのような遊びの一例を挙げる。

【しっぽ取りゲーム】
①子どもの人数分のしっぽを用意する。
②子どもたちに好きな動物の名前を聞く(どのようなところが好きかについても聞けるとよい)。
③子どもたちにしっぽを見せ、「これをつけると好きな動物に変身できる魔法がかかるよ」と伝え、子どものお尻にしっぽをつけていく。
④「でも先生は人間だからしっぽがないの。人間の仲間を増やしたいから、みんなのしっぽを取って魔法を解いちゃう!」と言って子どもを追いかける。
⑤保育者は子どもをつかまえることに夢中にならず、子どもたちが「キャーキャー」と騒ぎながら走り回ることを楽しむ。

　追いかけっこは、適当なところで打ち切り、「なんて動物は足が速いんだろう。人間の先生の負け。今日は動物のみんなの勝ちーっ!」などと締めくくれば、子どもたちは「やったー!やったー!」と大喜びするだろう。「先生、またやろー」との声が出たら大成功である。
　あくまでも、子どもたちが主体的に体を動かすことが目的である。つかまって泣いてしまう子もいるだろう。そのようなときは、その子に寄り添い問いかける。「つかまるのが嫌だった?」「うん」「じゃあ、先生が○○ちゃんがつかまらない魔法をかけてあげるね」と言って、魔法を実現させる(わざとつかまえないようにする)と、その子どもは、走ることが好きになっていくかもしれない。

●「第8章」学びの確認
①物事を理解するとき、五感を最大限に活用し感じることが、その「もの」を深く知るために大切である。では、子どもたちが「スイカ」を知るために、どのような方法が考えられるだろうか。できるだけたくさん挙げてみよう。
②子どもがわがままを言って保護者や保育者を困らせているときの、子どもの思いと、おとなの思いの違いについて考えてみよう(①子どもはどうしたいのか、②おとなはどうさせたいのか、③その理由)。
●発展的な学びへ
①あなたが子どもの頃、よく楽しんだ遊びや生活体験のなかで、どのような経験が「幼児期の終わりまでに育って欲しい姿」につながったと思うか考えてみよう。
②3歳児が泣いている場面を想像し、どうして泣いているのか、その理由を想像してみよう。また、さらに、どのような援助をすればよいかを考えてみよう。

●○● コラム ●○●

言葉で話すのでなく、心で話す

　ある日、筆者は3歳男児の母親からこんな相談を受けた。「最近、ウンチが出ても言わないんです。『いつまでもパンツのなかに入れていたら気持ち悪いし、臭いし、オシリがただれて痛くなってきちゃうよ』って言っても聞かないんです」という内容だった。

　「排泄かぁ、今までその問題に余り関わってこなかったし本も読んだことがなかったし、こまったなぁ」と口をつぐんでしまった。そして申し訳ないが、その母親の顔を見たときに、甲高い声で「K、ウンチが出たら、出たってすぐ言わなきゃダメでしょ、わかったぁ」と叱っている姿が浮かんできてしまった。母親は、叱っているつもりはなかったのだろう。ただ、「こういうときはこうしてね」ということを伝えたに過ぎなかったのだろうが、子どもは敏感にその母親の裏にある言葉にならない言葉「もう、困った子ね」「あ〜ぁ、大変」というような母親の気持ちを感じ取ってしまったのだろう。誰しも嫌みを言われたり叱られたくはない。そういうことが少しでも遅くなるように伝えなくなってしまったのだろう。

　筆者は母親に、「K君もですが、K君のおシリさんにも、『ウンチ出たら教えてね』ってお願いしといてください」といってその場を離れた。

　しかしその後、筆者は後悔した。あんなこと言っちゃったけどだいじょうぶかなぁ、あんなことで解決するのかなぁ。アドバイスした本人が半信半疑という、何と無責任なアドバイス。

　翌日、そんなこともすっかり忘れて園庭で子どもたちと戯れていた私のところへ、K君の母親がやってきた。そして、ニコニコ顔で両手はピースサインをしながら、「大成功でした！」と言う。私は思わず、「何のことですか」と聞き返した。すると、その母親が昨日の様子を伝えてくれた。

　「昨日やってみたら、大成功したんです。ウンチが出たって言うどころか『お母さん、オシリさんがウンチ出るって言ってるからオマル持ってきて』って言うんです」思わぬ大成果に思わず鼻を高くし、さっそく職員会で披露した。

　それまでは「ウンチが出ちゃうと、お母さんに怒られてしまう」と思っていたのだろう。それが、「自分のせいじゃない、オシリさんが悪いんだ、自分は悪くない」と思えたことで気楽に伝えることができたのかもしれない。

　私たち大人は、怒ってないと口では言いながら、怒り口調、心理状態になっていないか。見直す必要があると考え直させられる経験だった。

第9章　4歳児の保育内容

◆キーポイント◆

　本章は、4歳児におけるふさわしい生活や保育内容について総合的に理解することを目的としている。幼稚園教育要領、保育所保育指針、幼保連携型認定こども園教育・保育要領の改訂・改定の趣旨として、3歳児以上の子どもについての「幼児教育の共通化」が挙げられている。3歳児、4歳児、5歳児の保育は園生活のなかでつながりあって繰り広げられていることから、保育者が一人一人の子どもの姿を受け止めながら適切な援助をするために、各年齢の子どもの育ちを十分理解している必要がある。3歳児までの経験を受けて、4歳児の保育においては何を育てていくべきか、そして、5歳児の経験を見通した保育を展開するために、保育者が4歳児の保育における見方・考え方について具体的に説明できる力を身につけることが重要である。

第1節　4歳児の発達的特徴と保育上の留意点

1 ── 4歳児の発達的特徴

(1) 発達の過程を理解する

　4歳児の大きな特徴は「身体のバランスの発達」と「他者の認識」である。4歳頃になると、複数の動きを組み合わせて自分の考えた通りに身体をなめらかに動かせるようになり、可能性の広がった自分を誇らしく感じるようになる。また、自分だけが大事であった頃から、友達と心を通わせる喜びを感じ、友達を大切にしたり、自分の言動を客観的に見たりする力も備わってくる。このような4歳児の特徴を理解した上で保育を進めることが求められる。

(2) 4歳児の発達的特徴

① 心の育ちの視点から

　保育者や友達との関係が安定し、生活も遊びも自発的・意欲的になってくる。自ら行動する姿と、相手の気持ちを汲んで我慢する姿がみられる時期である。おとなからみれば些細なことが気になったり、許せないなど、なかなか気持ちを切り替えられないことがある。これは自分の考え方をしっかり意

識して表現し、自我を確立している姿である。集団のなかでの自分や気のあう友達との関係のなかでの自分、また、家庭のなかでの自分など、さまざまな場面で自分の心の動きを感じ、自分なりの心の調整を行うようになる。

② 生活する姿の視点から

　毎日の生活の流れや意味を理解し、見通しをもって行動できるようになり、自信をもって生活する姿がみられる。身の回りのことをほとんど自分でするようになり、自分のできることとできないことを判断して、必要に応じて助けを求めるようになる。そして、簡単な手伝いや、人のためになることを喜んでしようとする姿が多くみられるようになる。また、自分で周りの危険を察知し、回避したり、自分の身体の不調を伝えたりするようになる。

③ 身体の育ち視点から

　遊具や用具を器用に使い、跳びながら進むなど2つの動作を組み合わせた遊びを楽しむようになる。また、自分を基準に前後、左右、上下などの感覚が発達し、周りの状況に合わせた動きができるようになる。身体を動かす心地よさを感じる経験などを通し、はじめての遊びにも挑戦するなど積極的な姿がみられる。さらに、自分の身体や健康に関心をもつようになり、苦手な食べ物に挑戦したり、進んで手洗いやうがいをしたりする姿がある。

④ 言葉の視点から

　個人差はあるが、日常生活に必要な語彙や文法の習得ができ、経験や感じていることなど、自分の思いを言葉にして相手に伝えることができるようになってくる。会話はなめらかになり、相手の話を理解しながら興味をもって聞き、内容に対して質問をするようになる。保育者の質問に対しては、その趣旨にあった応答ができるようになる。しかし、友達との間においては、自分なりのイメージで話をしたり、それを伝えようとしたりするので、一方的な会話の進め方となり、思いが伝わらない場面も多くみられる。

⑤ 人とのかかわりの視点から

　友達への関心が高まり、友達とともに過ごしたい気持ちが強く芽生える時期である。一緒に遊ぶなかで相手の思いに気づき、自分の気持ちを調整して我慢したり、譲ったりしながら友達と楽しく過ごす方法を学んでいる。しかし、自分の思いをわかってほしい気持ちから、互いの思いが抑えきれずにトラブルになることも多い。また、きまりの大切さに気づいたり、自分が悪いときには謝ったりすることができるようになる。その反面、きまりを守らない友達や謝らない友達を許せない姿もある。

(3) 家庭との連携と安全・事故防止について

　家庭には、保護者とともに子どもを育てていきたいという保育者の願いを発信していくことが大切である。現時点の子どもの育ちの姿を具体的に伝え、就学までの育ちを見通して、4歳児の保育目標と、そのためにどのような援助をしていくつもりでいるのか、その保育内容を丁寧に伝えることで、特に周りのおとなが「子どもに任せる」という心構えをもつ必要があることを示していきたい。

　4歳児は心も身体も自分の力でコントロールする方法を習得する時期であり、行動も積極的で活発になる。5歳児への育ちに向けて、子どもが自分の力で集団生活のなかで自己発揮できるような援助が不可欠となる。おとなの常識の枠を越える姿や、友達同士のトラブルや心の葛藤など、子どもと周囲のかかわりの問題が多くなる。子どもの行動を善し悪しで判断せず、なぜそうしているのか子どもの心に寄り添って考え、それが4歳児の成長の姿としてとらえていけるように、子ども理解の共有をしていきたい。

　なお、この頃になると運動量が増え、さらに好奇心旺盛になるにつれて大きなけがの心配が増えてくる。ブランコから飛び降りたり、片足でこいでみたり、すべり台を反対側から駆け上がったりするなどの姿もみられる。もちろん、これらの行為が危険であることを子どもに伝える必要がある。しかし、身のこなしや身を守る手段、力加減は実際に経験することから学んでいくことを考えると、子どもの行動をただ禁止するだけでは、子どもが自ら学ぶ機会を奪うことになってしまう。何が危険で、どうしたら安全なのかを子どもとともに考え合うようにしていきたい。もちろん、「任せる」と「放任」は全く違っており、ここでの任せるとは子どもの成長を「信じて見守る」という意味である。子どもの安全・事故防止についてはおとなの責任が大きいので、さまざまな情報共有と連絡を徹底しながら、活動範囲の広がった子どもたちをしっかり見守ることと、常に安全な環境を意識することが重要である。

2 ── 保育のポイント

(1) 4歳児の保育のポイント

　子どもの姿に合わせて保育を展開するためには、4歳児の発達過程を理解した上で、子どもの興味や関心に添った環境を整えることが重要となる。「身体のバランスの発達」を促すため、子どもの能力を十分伸ばしていけるような遊びを取り入れ、「他者の認識」を確立していくため、ルールのある遊びや知的好奇心を刺激するような場面との出合いが必要である。4歳児は、自分でできることが大きく広がっていく時期であることを心に留めて、保育者が一方的に指示や決定をするのではなく、子どもの気づきを認めたり自己肯定感を促すなど、子どもを尊重する姿勢が必要となる。

(2) 4歳児の保育目標

　3歳児、4歳児、5歳児など、生活年齢とともに子どもの成長が示されることが多いが、発達は生活年齢がすべてではない。一人一人のこれまでの経験が発達に深くかかわっている。参考として、4歳児の年間目標例を表9-1に示す。子どもが自分らしさを十分発揮しながら、自ら環境にかかわることで学びを深めていくことを大切に考えていきたい。

表9-1　4歳児の年間目標例

- 日常生活に必要な習慣や態度を身につける
- 運動遊びや集団遊びなど、友達とのかかわりを深めながら全身を動かして楽しむ
- きまりの大切さに気づき、譲り合ったり、折り合いをつけたりするようになる
- 人とのかかわりや経験を通して生活に必要な言葉を身につける
- 身近な社会や自然の事象に興味や関心をもち、発見を楽しみ、考えたり生活に取り入れたりする
- 自分の考えたことや感じたことや体験したことを自分なりの方法で表現しようとする

第2節　4歳児の保育内容

1 ── 保育の実践事例からの学び

　保育の現場における実際の子どもの姿や保育者のかかわりの様子を実践事例を通して学ぶことで、子どもの育ちや心の動きを理解するとともに、子ど

もの言動の意味がみえてくる。また、保育者が一人一人の子どもの育ちに応じたねらいをもってかかわる様子から、子どもの育ちを支える保育者の役割の重要性もみえてくる。保育者の子どもの成長を見通した援助により子どもが自ら成長する姿を見つけることができる。4歳児の実践事例を時間をかけてじっくり読み込むことは、4歳児の保育内容を理解することにつながっている。子どもの心の動きに注目したり保育者の願いに注目したりしながら、4歳児の保育内容について理解するきっかけにしてほしい。

2 ── 実践事例

事例1　アゲハ蝶の観察：6月第3週

【今週の保育内容】
・身の周りの自然に関心をもち、見たり、触れたり、調べたりする

　飼育ケースが並んでいる廊下から子どもたちの会話が聞こえてきた。「わぁ、アゲハ蝶の幼虫がうんち食べちゃった」「食べるわけないよ」「だって、ここにいっぱいあったうんち、なくなってるよ」「ほんとだ、ない、食べちゃった」。それを聞いて、保育者はあわてて子どもたちの所へ行き、「ごめん、ごめん。先生がお掃除しちゃった。うんちいっぱいだったからきれいにしたよ」と言った。廊下には10名以上の子どもたちが集まっていた。「なぁんだびっくりしたなぁ」。
　保育参加の給食試食会の前日だったため、保育者が子どものいない間に環境整備をしていたのだった。

　5月頃から、アリ、ダンゴ虫、テントウ虫などの昆虫に興味をもち、カタツムリやザリガニやカブト虫の幼虫などを子どもが家庭からもってきて飼育することも多い。保育者も生き物に興味、関心をもってほしいという願いをもってかかわり、子どもは関心を寄せて観察する。子どもが疑問を言葉にしてくれなかったらアゲハ蝶は糞を食べて大きくなると思う子どもがいたかもしれない。生き物の観察は飼育ケースを並べておけばよいのではなく、
保育者はなぜ、身の回りの自然に興味をもってほしいのか理解した上で、昆虫の飼育から子どもたちが学ぶ内容を確認しておく必要がある。

事例2　仲良し3人組：7月第1週

【今週の保育内容】
- 友だちと共通の遊びをする楽しさや同じものを作る嬉しさを感じる
- 興味をもった遊びを繰り返して楽しむ

　キヨミ、メグミ、ミユは仲良し3人組である。
　あるとき、キヨミが怪我のため10日間の欠席後、ようやく登園してきた。「キーちゃん来たぁ」「遊ぼう」とメグミとミユが誘いにきたが、久しぶりの登園でキヨミはなかなか母親と離れられないでいた。キヨミが欠席の間に、子どもたちが作った七夕飾りが部屋に飾ってあったので、保育者は「キーちゃん、きれいでしょう。七夕飾りだよ。キーちゃんも先生と一緒に作る？」と声をかけると、「うん」と歩み寄ってきた。
　その様子を見守っていた2人は「キーちゃん、こっちこっち」と3人分の椅子を並べ、ノリのふたを開け、輪つなぎのセットを準備し「キーちゃん何色がいい」「丸くするんだよ」「のりは指1本でつけて、ちょっとね」「汚れたらここで拭けばいいよ」と保育者が輪つなぎをつくったときに説明したことを同じように伝えていた。キヨミを真ん中に、2人は両側から言葉をかけたり、手助けしたりしながら、自分たちも輪つなぎを楽しんだ。保育者は「キーちゃんの横には2人も先生がいるから、先生は教えることがなくなっちゃった」と言うと、3人は顔を見合わせ笑っていた。

　自分の周りの状況を理解できるようになると、普段の生活と異なることや、長期欠席の後という状況に対し、不安な気持ちになることがある。そんなときに気のあう友達がそばにいてくれると心強い。いつも一緒にいる友達だからこそわかるかかわり方のさじ加減が、安心して生活のリズムを思い出すきっかけとなっている。何より、友達の力になりたいと思う気持ちや一緒に同じ遊びを楽しみたいという子ども同士のつながりを感じられるような時間を保障していく必要がある。

事例3　リレーごっこ：10月第3週

【今週の保育内容】
- 楽しかったことや興味をもったことを再現したり、自分なりに取り入れたりして遊ぶ
- ルールのある遊びをみんなで一緒に楽しむ

運動会の翌週から、5歳児の影響を受けてリレーごっこが盛んに行われている。誰かが「先生リレーやりたい」と言うと、毎日15名ほどの子どもが集まってくる。そのなかでも、コウヘイ、ジュンヤ、タクミ、ユミ、ナオ、ケイコは、何回でも走っている。今はバトンをもって力一杯走り、同じチームの仲間にバトンを渡すことが楽しくて仕方がない様子である。自分が1番速いと思っているコウヘイとジュンヤが「一緒に走ろう」と競い合う姿もある。
　毎日繰り返しながらも「先生、一緒に線書いて」「音楽かけて」「よーいどんとゴールは見てて」と遊びに必要なときは伝えにきて、ときには自分たちの力で遊びを進める楽しさを味わいながら、リレーごっこが続いている。

　5歳児に憧れて、遊びに入れてもらったり、まねて遊んだりすることで、自分にもできたという喜びや、できるという自信が子どもたちの心を成長させている。友達と一緒にするからこそ楽しい経験が仲間意識を育んでいく。子どものやりたい気持ちに応えながら、子どもたちに任せることや、自分から考えて行動している姿を十分認めて、やりたい遊びが実現できるようにさり気なく支えながら見守ることが必要な援助となっている。

事例4　「クリスマスだから夜でしょう」：12月第2週

【今週の保育内容】
・自分なりのイメージをさまざまな方法で表現することを楽しむ

　廊下にはクリスマスツリーが飾られ、クリスマスソングのCDをセットする子どもたち。部屋の壁面には自分たちで作ったリースが飾られている。クリスマス会も近づき、子どもたちはすっかりクリスマス気分だった。
　ユミとマスミはロッカーから自由画帳をもってきて、「クリスマスのプレゼント決めたよ」「私も決めた」と話しながら、鼻歌まじりでツリーやサンタクロースを描きはじめた。保育者は「この紙も使っていいよ」と黒い画用紙を準備した。すると、それを見ていたカナが近くに来て「クリスマスだから夜でしょう」と笑顔で言った。保育者が「画用紙のこと？」と聞くと「サンタクロースが夜に来るから夜の色にしたんでしょう。ここに星とか描くときれいなんだよ、きっと」と嬉しそうにクリスマスの夜のイメージを伝えた。様子を見ていた他の子どもたちも「描きたい、描きたい」「僕も夜の絵を描く」とクレヨンをもってきた。それぞれ、大きなプレゼントやおしゃれをした自分、豪華なそりなどを思い思いに描いていた。

　保育者は、環境を通して季節の移り変わりやさまざまな行事への興味を子どもたちに感じ取ってほしいと願い、環境を整える。さらにその思いを子ど

もたちが敏感に受け取り、自ら遊びに取り入れようとしたなら、その姿を見逃さずに、子どもの心の動きに合わせて環境の再構成をしていくことが必要となる。子どもがもつイメージを引き出すように会話を楽しんだり、歌ったり、描いたり、作ったりしながら、表現する楽しさが感じられる経験を支えていく必要がある。表現は上手、下手ではなく、表現する過程をどれだけ楽しんでいたかという視点でとらえていきたい。

 事例5　「ヒロコ先生の隣がいい」：1月第4週

【今週の保育内容】
・互いの思いや考えを伝え合いながら友達と一緒に過ごすことを楽しむ
・自分の言動によって、相手が喜んだり困ったりすることに気づく

　実習生のヒロコ先生がクラスに来て2週間が過ぎると、子どもたちは親しみの気持ちを表すようになってきた。「ヒロコ先生、今日一緒に給食食べよう」と誘う姿も多くなった。
　ある日「先生、ユウカちゃんが泣いてるよ」とトモキが呼びにきた。保育者が「どうしたの」と聞くと、ユウカは「クミちゃんが約束守らないから悪いんだよ」と言った。それに対しクミは、「だって、ヒロコ先生の隣がいいんだもん」と言って口を尖らせた。ヒロコ先生は困った顔で、昨日も別々の机に座っていた2人に誘われたこと、クミが「ユウカちゃん、明日にすればいいじゃん」と言ったため、ユウカは1日我慢することにしたこと、しかし今日もクミは、ヒロコ先生の隣に座りたいと主張したことを説明した。
　保育者は「クミちゃん、本当にヒロコ先生が好きなんだね」と声をかけた。クミは頷いた。「でも、ユウカちゃんも同じようにヒロコ先生が大好きなんだって」とユウカの気持ちを代弁し「ユウカちゃんは、今日も我慢すればいいの？」と問いかけた。クミは頷き「だって、ヒロコ先生がいいもん」と譲らなかった。保育者は「どうしよう、困ったな」と周りの子どもたちに投げかけた。すると、子どもたちは口々に「今日はユウカちゃんの番」「ユウカちゃんが可哀そう」「クミちゃんが悪い」という意見が多数で、なかには「私だってヒロコ先生と座りたい」「2人の間にすればいい」という意見もあった。保育者はもう一度「クミちゃんどうする？」と聞いた。するとクミは「我慢する」と一言呟いた。保育者は「本当にいいの？」と確認すると、今度は大きく頷いた。保育者は「クミちゃん、よく我慢できて偉かったね」と声をかけて頭をなでた。

実習生に心を寄せる経験は、身近な人に親しみをもつとてもよい経験である。みんな実習生と一緒にいたい、遊びたいと感じているなかでさまざまな葛藤を経験する。事例のように、約束はしたけれど、やはり譲れず、自分が悪いとわかっていても我慢ができない。これは成長の過程で必要な心の育ちである。保育者が善し悪しを決めつけず、両者の気持ちを受け止め、周りの子どもに問題を投げかけることで、子どもが自分や友達の気持ち、周りからみた自分の立場などを冷静に考える時間をつくりだす。「クミ」は、友達の意見に耳を傾け、事態を理解し、自分で気持ちを調整することができた。保育者は子ども自身が気づき、動き出してほしいからこそ、まず受け入れることから始めた。そして、約束を守れなかった子どもが悪者にならないように、我慢できたことを褒めることで子ども同士をつなぐ援助をした。

3 ── 4歳児の見方・考え方

　4歳児のよりよい保育の援助の仕方や保育方法について、子どもの姿から、また実践事例から、その場面をとらえて自分なりの思いや子どもに対する願いがもてるようになっただろうか。子どもが自分の周りの人やものなどの身近な環境に自らかかわろうとしている姿、遊びや生活のなかで心を動かされる体験をしている姿、遊びが発展する楽しさを感じながら人やものなどとのかかわり方や意味に気づいていく姿、また、それらを取り込もうとして自分なりに試行錯誤したり考えたりする姿を目の前の一人一人の子どもの発達の姿に合わせて保育者が願いをもってかかわっていくことが重要である。繰り返すが、見方、考え方は4歳児には4歳児なりの発達に応じたものであり、保育者がこうでなければいけないと決めるものではない。それは、子どもの興味や関心に合わせたものであり、4歳児の発達的特徴を押さえ、4歳児の姿を十分に理解した上で見守りながら支えていくものでなければならない。

●「第9章」学びの確認
①4歳児の発達的特徴を5つの視点から挙げてみよう。
②4歳児の喧嘩の例を挙げて、原因と保育者のかかわり方を考えてみよう。
③家庭との連携のポイントを挙げて、伝え方を考えてみよう。
●発展的な学びへ
①4歳児の発達的特徴が3歳児の発達的特徴からどのようにつながっていて、5歳児の発達的特徴にどのようにつながっていくかまとめてみよう。
②3歳児、4歳児、5歳児の保育のポイントを比較してみよう。

参考文献

太田悦生編『新・保育内容総論［第2版］』みらい　2015年
無藤隆著『平成29年告示幼稚園教育要領保育所保育指針幼保連携型認定こども園教育・保育要領　3法令改訂（定）の要点とこれからの保育』チャイルド本社　2017年

●○●　コラム　●○●

認め合う子どもを認める保育者

　筆者がある幼稚園を訪問したときのことである。5歳児がドッジボールをしていた。しばらくすると、花いちもんめに夢中になっていた4歳児の集団がコートの隅に入ってしまった。私は「5歳児さん、遊びを邪魔されて怒るかな？　どのように伝えるのかな？」と思い、5歳児の担任に経緯を話した。担任は、「きっと何にも言わないと思います。男の子はドッジボールに夢中ですし。4歳児さんが危なかったら何か言うかもしれませんが」という返事だった。すると4歳児に気づいた5歳児の女の子が4歳児の様子をじっと見つめ、そのままドッジボールを続けていた。ボールが近くに来ると4歳児の前でボールを取り、どちらの遊びも続くようにさり気なく動いていた。
　そのうち、4歳児の担任が状況に気づき、コートの線を指さして「ここまでがドッジボールのコートだね」と伝えた。4歳児は「ほんとだ」「入っちゃったね」と言って、自ら場所を移動して遊びを続けていた。その後はコートに入ることはなかった。
　筆者は、邪魔される心配より遊びに夢中になっている子どもの姿や、危険でなければよしとする子ども同士の認め合いに驚いた。そして、すでに子どもの心の育ちを理解して、子どもの育ちを認めている保育者に感心した。
　その後、その5歳児の女の子が4歳児の頃、毎日のように"花いちもんめ"をしていたことを聞いた。"花いちもんめ"は遊んでいるうちに、気づかず場所が移動してしまったり、悪気なくコートに入ってしまう。そんな事情を自分の経験から理解し、行動していたことがわかった。4歳児の頃の経験が学びとなって5歳児の姿となって表れていたのである。子どもは、経験を積み重ねて育っている。

第10章 5歳児の保育内容

◆キーポイント◆

5歳児にとってふさわしい保育を構想するためには、まず5歳児の発達的特徴とめざす姿を理解することが必要である。それをもとにそれまでの生活や経験の意味を踏まえることで、めざす姿を具現化するための援助や環境構成のあり方を考えることができるのである。

また、幼児期における保育が小学校以降の生活や学習の基盤となることから、小学校入学を控える5歳児の保育においては、小学校教育への接続について考慮し、取り組む必要がある。この接続が円滑に図られるためには、家庭や小学校との連携が必要となり、保育者は、育ちや学びの連続性の視点に立って、連携の計画や実践を構想することが求められる。

第1節 ● 5歳児の発達的特徴と育てたい姿

5歳児の保育を行うにあたっては、まず、その発達の特徴を理解し、それらを子どもたちの実際の姿に見取ることが大切である。そこに、5歳児ならではの思い、興味や関心、生活や遊びに対する取り組み、仲間とのかかわり方などを理解することで、この時期にふさわしい援助や環境構成と、さらなる工夫や改善を行うことができるのである。

各期の特徴的な姿と、保育目標における育てたい姿

(1) 特徴的な姿

幼児期の保育は、生涯にわたる人格形成の基礎を培うものである[※1]。それを果たすために保育者は、家庭との緊密な連携の下、小学校以降の教育や生涯にわたる学習とのつながりを見通した保育を行うのである。

また、子どもの発達や学びは途切れることなく連続しており、現前の姿は決して突然現れたものではない[※2]。そこで、これまでの生活や経験、育ちがどのように現在の姿にかかわっているのかを見取り、それをもとに今後の成長を見通し、5歳児の特徴にあった保育をイメージすることが必要となる。

※1 たとえば、幼稚園は「学校教育の始まり」として理解される（要領2①）。

※2 文部科学省「幼稚園教育要領解説」（2018）p.84に、子どもの「発達や学びは連続して」いるとある。
http://www.mext.go.jp/component/a_menu/education/micro_detail/__icsFiles/afieldfile/2018/04/25/1384661_3_3.pdf

ここでは、5歳児の各期の特徴的な姿を、4歳児後半の時期と比較してとらえてみる（表10－1）

(2) 保育目標（体・徳・知）における育てたい姿

　5歳児の特徴的な姿は、保育目標における育てたい姿（園児像）に反映される（関係する）（表10－2）。この園児像は、「体（育）」・「徳（育）」・「知（育）」の3つの側面で捉えられ、1年を通してこの姿に近づくように保育が行われる。体・徳・知を調和的に育むために、子どもたちの姿の意味を多様な視点で理解し、援助を工夫することが大切になるのである。

表10－1　4歳児後期と5歳児の特徴的な姿

4歳児	Ⅳ期	○自己主張をしたり、自分の考えを発表したりしながら遊ぶようになる。 ○自然や身の回りの事象に関心をもち、遊びに取り入れようとする。
	Ⅴ期	○年長児への期待が高まり、目的をもって遊ぼうとする。 ○仲間意識が芽生え、思いを出したり相手の思いを受け止めたりしながら、遊びを進める。
5歳児	Ⅰ期	○年長になったことを喜び、年少児の世話や手伝いをしたがる。 ○新しい環境の中で友だち関係もでき、身近な環境に積極的に働きかけながら自主的に遊ぶ。
	Ⅱ期	○友達やグループで共通のイメージをもち、必要な物を作りながら遊びを展開していく。 ○動植物に関心をもち、世話をしようとする。
	Ⅲ期	○友達と力を合わせる活動を喜び、話し合いによる工夫やルールを遊びに取り入れる。 ○体力がつき、身体を動かす遊びを好み、繰り返し挑戦する姿が見られる。
	Ⅳ期	○視野が広がり、園以外の話題を持ち込んで遊びの中に取り入れたり生活に生かしたりする。 ○友達と協力しながら共通の目的をもって活動を進め、楽しんでいる。
	Ⅴ期	○小学校を意識した会話が多くなり、自分なりの見通しをもって一つの活動にじっくりと取り組む。 ○1年生への期待と喜びをもって生活する。

出典：東二番丁幼稚園『生きる力をはぐくむわたしたちの保育』東二番丁幼稚園　2014年　p.6

表10－2　保育目標における育てたい姿

げんきな子 （体）	○安全や健康に関心をもつとともに、進んで戸外に出て、体を動かすことを楽しみ、いろいろな遊びに挑戦する。 ○友達と相談したり、励まし合ったり、協力したりして遊ぶ。
やさしい子 （徳）	○一人一人の友達のよさを知り、それを認め合いながら遊ぶ。 ○相手の気持ちを思いやり、役に立とうとする気持ちをもつ。 ○身近な動植物の世話を喜んで行い、年中・年少児に積極的に関わりながら遊んだり、面倒を見たりする。
かんがえる子 （知）	○身近な自然や社会の事象に関心をもち、自分なりに目的や課題をもって、創意工夫しながら遊ぶ。 ○少し困難なことでも自分の力で乗り越え、やり遂げた喜びを味わう。

出典：表10－1に同じ　p.4を参考に筆者作成

(3) 「幼児期の終わりまでに育ってほしい姿」

　「幼稚園教育要領」「保育所保育指針」および「幼保連携型認定こども園教育・保育要領」には生きる力の基礎を育むために、それぞれの教育や保育において「育みたい資質・能力」と「幼児期の終わりまでに育ってほしい姿」が示されている[※3]。これらは修了を迎える5歳児の保育において、保育目標や育てたい子ども像をイメージし、指導や援助を行うための大きな手掛かりとなる。

　① 「育みたい資質・能力」

　「育みたい資質・能力」とは、「豊かな体験を通じて、感じたり、気付いたり、分かったり、できるようになったりする『知識及び技能の基礎』」「気付いたことや、できるようになったことなどを使い、考えたり、試したり、工夫したり、表現したりする『思考力、判断力、表現力等の基礎』」、「心情、意欲、態度が育つ中で、よりよい生活を営もうとする『学びに向かう力、人間性等』」である。これらの資質・能力は、調和的に、子どもの発達の実情や子どもの興味や関心等を踏まえながら展開する活動全体によって、一体的に育まれるものである。

　② 「幼児期の終わりまでに育ってほしい姿」

　「幼児期の終わりまでに育ってほしい姿」として、「健康な心と体」「自立心」「協同性」「道徳性・規範意識の芽生え」「社会生活との関わり」「思考力の芽生え」「自然との関わり・生命尊重」「数量や図形、標識や文字などへの関心・感覚」「言葉による伝え合い」「豊かな感性と表現」の10項目が示されている[※4]。これらは、まさにこの時期の姿であるとともに、小学校就学時の具体的な姿である。そして保育者や保護者の願いが表されたものである。したがって、保育者はそれを手掛かりに子どもの育ちや保育を振り返り、保育を改善し、この姿の具現化に努めることが大切である。さらに、小学校教育との円滑な接続を図るために、小学校教師との情報交換や研修などを通して、積極的にこの姿について共通理解することが必要である[※5]。

(4) 遊びの姿―自分たちで遊びを工夫し、広げていく―

　5歳児はいろいろな目標に向かって、みんなでアイディアを出し合い、協力して取り組むようになる。また、身近な環境や素材を生かし、工夫しながら活発に遊びを広げ、展開させていく。そこで保育者には、そうした5歳児ならでは姿をイメージし、子どものそれまでの生活や経験、学びが生かされる援助や環境構成を工夫することが必要となる。

※3　幼稚園教育要領には、「3　次に示す『幼児期の終わりまでに育ってほしい姿』は、第2章に示すねらい及び内容に基づく活動全体を通して資質・能力が育まれている幼児の幼稚園修了時の具体的な姿であり、教師が指導を行う際に考慮するものである」と示されている。

※4　幼稚園教育要領、保育所保育指針、幼保連携型認定こども園教育・保育要領それぞれにおいて、語句の違いがあるが、内容や表現はほぼ同じである。

※5　「小学校学習指導要領」(2017年) p.73では「小学校低学年は、幼児期の教育を通じて身に付けたことを生かしながら教科等の学びにつなぎ、児童の資質・能力を伸ばしていく時期である」としている。

事例1　せんろをつなげよう！

「せんろがあるよ」
「このせんろ、どこまでつなげるの？」
　登園してきた子どもたちは、保育者が廊下に貼っておいたビニルテープの線路に気づいたようだ。子どもたちは、さっそく「わくわくワゴン」（製作に必要な道具や用品が置いてある）からビニルテープとはさみを持ち出し、線路の延長工事に取りかかった。線路は保育室から廊下へ、そして他のクラスへと延びていく。
　その様子を見ていた子どもたちや、他の遊びをしていた子どもたちも加わりはじめ、段ボール製の電車に乗り込み線路の上を走ったり、おもちゃなどを並べて店や駅を作ったりする子どもたちの姿も見られた。

保育の意味

　この出来事の前の週に、子どもたちは園外保育で、近所の駅で切符を買い、電車に乗るという体験をしていた。子どもたちは、そのときに見たり、感じたり、体験したりしたことを実現したいという思いを抱いたようだ。保育者は、こうした子どもの姿を引き出すきっかけとして、心揺さぶる体験活動（園外保育）、体験と結びつくような環境構成（廊下の線路、段ボール製の電車など）を工夫し、使い慣れた製作用具や材料、素材等を用意したのである[※6]。

※6　事例1、写真、および「保育の意味」については、愛子幼稚園提供。筆者が考察を加え、一部改変。

第2節　5歳児の保育と援助

1 ── 姿に応じた援助

　子どもの姿に応じた援助や環境構成とは、発達の特徴や一人一人の特性を理解し、その時々にふさわしいあり方を工夫することである。
　ここでは、ある幼稚園の教育課程に示された「子どもの姿」から、5歳児に進級した時期〈A〉（表10−3）と、さまざまな活動を経験してきた学年後半の時期〈B〉（表10−4）を取り上げ、その時々にふさわしい援助のあり方について考える。

(1) 5歳児に進級した時期

表10-3　4月から5月上旬の子どもの姿〈A〉
○年長になった喜びで活気に満ち、伸び伸びする姿が見られる。
○新入園児の面倒を見る姿や、遊びに誘おうと思いやる姿が見られる。

　進級をきっかけに保育室や先生、仲間、持ち物や名札などが変わることで、子どもたちは"本当に年長になった（なれた）"ことを実感する。また、立場や関係が変わることで成長を自覚し、他者に対する配慮ができるようになり、実際にそうすることで自信をもつようになるのである。

写真1　トイレの前の上靴を進んで揃える姿／愛子幼稚園（仙台市）提供

　園での生活では当番活動が当たり前になったりすることで、少しずつ年長としての自信をつけていく。また、行動が活発になり、活動の範囲や場所が広がり、新しい遊びに挑戦したりする。なかには、園内で不安そうにしている新入園児のお世話をしたり、自分たちを遠巻きに見ている子を誘ったり、遊具を貸したりする姿が見られる。そこで保育者は、子どもの思いや行為を認め、必要に応じて助言し、褒めることが大切になる。たとえば、廊下を移動する際に、「年少さんを先に行かせてあげようね」など、年長者としての配慮を促す声掛けをし、「さすが年長さんだね」と認め、ほめる。そうした日常の生活場面を生かした指導によって、思いやりの心や責任感、規範意識や達成感などを自然に育むことができるのである。

(2) 学年の後半の時期

表10-4　10月中旬から12月〈B〉
○友だち関係に広がりが見られ、遊びの種類によりグループができてくる。ルールが難しくなり、遊びに深まりが出てくるようになる。
○同じ目的をもって遊ぶ中で相手の気持ちを受け入れたり、自分たちで問題を解決しようとしたりする姿が見られる。
○遊びに持続性が見られるようになり、自分なりに目的をもって工夫したり、変化をもたせたりしていく姿も表れてくる。

この時期の姿を考慮し、実際の活動でのふさわしい援助や環境構成を考えてみたい。
　「『ぴょん・かえる』をとばそう！」（表10−5）のような活動は、5歳児に限らず行われるが、5歳児らしさを生かした活動と援助によって、子どもは実際にその時期の姿（育ってほしい姿）に近づくことができるのである。

表10−5　5歳児らしさを生かした活動と援助（活動例）
1　活動名　「ぴょん・かえる」をとばそう！（作って遊ぼう）
2　ねらい　「ぴょん・かえる」を作り、自分でとばしたり、仲間と競い合ったりして楽しむ。

段階	主な活動・子どもの姿	5歳児らしさを生かす援助
導入	○うたを歌う。 ・かえるのうた ○読み聞かせを楽しむ。 （絵本※かえるが登場する話） ・話について話す。 …・…・…・かえる　他	※小動物の世話や遊びの経験などを想起させる。 ※これから作るもの（かえる）への関心につなげる。 （生活と活動の連続を図る）
展開	○「ぴょん・かえる」を作る。 ・かえるについて話す。 ・「ぴょん・かえる」を作ることを知る。 ・作る。 　　　　　（略） ○「ぴょん・かえる」をとばして遊ぶ。 ・自分なりに試し、遊ぶ。 ・仲間と競い合って遊ぶ。 ・競い合う。　・工夫する。 ○グループごとで競い合って遊ぶ。 ・作戦を話し合う。 　・順番・とばし方・ルール　他	※知っていることや経験などを話させる。 　・大きさ、色、感触、とぶ様子などを表現させる。 ※作る場面（準備、材料の配布、作業、片づけ）では、一人での取り組みと友だちとの協力の場面を設ける。 ※作ったもので遊ぶ場面に、次のような活動を取り入れる。 　・自分で取り組む・仲間と取り組む 　・工夫する・相談する・協力する・教え合う 　・きまりを作る・認め励まし合う ※目的をもって協力する場面を設ける。 　・考え、話し合う。 　・持続する（遊び込む、達成感を味わう）。
終末	○取り組みを振り返る。 ・作るときのこと ・とばし方の工夫 ・とんだときの様子 ・やってみたいこと ・自分のこと ・仲間のこと ○通園バッグに入れる。	※自分や仲間のことを振り返る活動を設ける。自己肯定感、達成感と共に、努力や工夫に向けて新たな課題意識をもつようにする。 　・よかったこと　・できたこと　・工夫したこと 　・頑張りたいこと（目標） ※もっと続けたい、家でもやりたいという気持ちを大切にする（保育以外の生活との連続性を図る）。

出典：指導案：愛子幼稚園提供
　　　図（ぴょん・かえる）：筆者作成

(3)　子どもの思いや経験を生かした援助

　保育における子どもたちの姿は、まさに「幼児期の終わりまでに育ってほしい姿」への途上にあるといえる。その様子を①「健康な心と体」と②「協同性」の姿を視点に、事例でみてみたい。

①「健康な心と体」：幼稚園生活の中で、充実感をもって自分のやりたいことに向かって心と体を十分に働かせ、見通しをもって行動し、自ら健康で安全な生活をつくり出すようになる。
②「協同性」：友達とかかわるなかで、互いの思いや考えなどを共有し、共通の目的の実現に向けて、考えたり、工夫したり、協力したりし、充実感をもってやり遂げるようになる。

事例2　リレー遊び

　運動会の翌週、好きな遊びの時間に、ある子どもたちが「みんなでリレーをしよう」と提案した。子どもたちは仲間や保育者たちに声を掛け、バトンやコーンなど必要な用具を準備し、チーム分けをし、ルールの確認やスターターなどの役割決めを行った。クラスを越えた混合チームができ、作戦を練る。チームには保育者たちも加わった。すると子どもたちは保育者たちに、真剣勝負で挑むように注文を出してきた。
　「先生、わざと負けたりしないでね」
　「ゆっくり走ったらだめだよ」
　暑い時期だったが、しばらくの間リレー遊びは続いた。子どもたちは一生懸命取り組んでいた。そして、疲れが出るころになると、「休憩だよ」とみんなで声を掛け合い、保育室に戻ってハンカチで汗を拭き、しっかり水分補給を行っていた。

保育の意味

　毎日指導し、声掛けして取り組んできたことが、一つ一つ、少しずつ、子どもの自ら考え、行動する力や知識となっている。自分でできるようになったことを生かして実現できるような保育者の援助がこの時期には大切である[7]。

※7　事例2、写真、および「保育の意味」については、愛子幼稚園提供。筆者が考察を加え、一部改変。

2 ── 健康と安全に関する援助

　日々の保育では、基本として子どもの生命と心の安定が保たれ、健やかな生活が確立されなければならない。それは、子ども一人一人の健康状態や発育・発達の状態に応じて、心身の健康の保持増進を図り、危険な状態の回避に努めるとともに、子ども自らが自分の体や健康に関心をもち、心身の機能

を高めていくような保育を行うことである。

5歳児では、「幼児期の終わりまでに育ってほしい姿」の「健康な心と体」の内容を踏まえ、就学に際して望まれる「生活上の自立」[※8]を促す指導が大切となる。指導にあたっては、心と体の健康は密接に関連していることを理解し、子どもが保育者や仲間との温かい触れ合いや信頼関係、雰囲気のなかで自己の存在感や充実感を味わえるような援助に留意することが大切である。

表10-6は、ある幼稚園や保育所の指導計画に示された留意内容である。「健康な心と体」や「生活上の自立」の具体的な姿と、それを育み、促す保育の流れや援助が示されている。

※8 文部科学省「幼児期の教育と小学校教育の円滑な接続の在り方について（報告）」（2010年）のポイントの一つとして挙げられている「幼児期と児童期の教育活動をつながりで捉える工夫を示す」には、「幼小を通した学びの基礎力の育成を図るため」、「幼児期の終わりから児童期（低学年）にかけては『三つの自立』（学びの自立、生活上の自立、精神的な自立）を育成」することが示されている。

http://www.mext.go.jp/component/b_menu/shingi/toushin/__icsFiles/afieldfile/2011/11/22/1298955_1_1.pdf

表10-6　「健康な心と体」や「生活上の自立」等を育むための留意内容（一部）

○遊びに応じた身支度や準備、片づけなどの時間を確保し、自分たちで最後までしっかり行えるようにする。
○基本的生活習慣を日常の具体的な場面で確認させると同時に、成長の姿を認め、自信をもたせることで小学校への期待と意欲を抱かせる。
○遊びの継続と深まり、そして活動の広がりを図り、満足感をもたせるために、場や時間の設定を工夫し、一人一人の体力や技能、興味に合った援助を行う。
○やり遂げる満足感を味わえるよう、イメージの達成に必要な助言や手助けを行う。
○運動的な遊びに教師も加わり、戸外で伸び伸び体を動かして遊ぶことの楽しさや満足感が感じられるようにする。
○いろいろな遊びを友だちと一緒になって楽しむ中で、互いのよさを認め合い、友だち関係を深めるような機会を作る。
○小学校への入学に向けて生活習慣を見直し、必要に応じて家庭へ協力を促す。
○風邪が流行する時期には、健康管理（うがい・手洗い）を伝え、取り組みを促す。
○食育の観点に立ち、育てた野菜の収穫の喜びを十分に味わい、自分たちで調理して食べる機会をつくる。

3 ── 家庭や関係機関との連携における援助

子どもの生活は、家庭を基盤として地域社会を通じて次第に広がりをもつようになる。そこで、家庭との連携を図り、園での生活が家庭や地域社会と連続性を保つことが必要になる。たとえば、保護者の幼児期の教育に関する理解を深めるために、保護者との情報交換や、保護者と子どもとの活動の機会を設けたりする。そうしたなかで保育者は、保護者の関心が修了までに身につけさせたい習慣などに向けられることも考慮し、子どもの姿を伝えたり、相談に応じたりする。そして、修了近くには、子どもたちの進学への期待とともに、友達との別れや、新しい環境への不安な気持ちを伝えたりする。

(1) 子どもの姿を共有し、保育と家庭生活との連続性を図る連携

家庭に子どもの様子や園の取り組みを知らせる有効な手掛かりとして、園だよりや学年・学級だより、日々の連絡ノートや送迎時の会話などがある。

事例3は、ある幼稚園の「学年だより」の一部である。この内容を、「この時期の姿」「5歳児らしい生活」「家庭生活と園生活とのつながり(連続性、連携)」「子どもの姿の共有」「保育の展開(発展、連続性、援助)」の視点から理解し、家庭との連携について考える。

> **事例3　学年だより「切り紙」**
>
> 　子どもたちが作った「切り紙」を保育室の壁面に飾ったことで、子どもたちは、一層「切り紙」に興味をもつようになった。幼稚園で好きな遊びを楽しむ時間につくったものや、家で作ったものをもってくる子。また、折り方や切り方を工夫して作る子など、いろいろな取り組みがみられた。子どもたちの「切り紙」をみてみると、どんどん工夫が凝らされ、作品が変化している様がみてとれる。そうした子どもたちの関心や取り組みを生かし、運動会の旗飾りを「切り紙」で作ることにした。
>
> 　はじめに"どんな形や模様にしようか"と考えながら折り紙を切って、試したり遊んだりし、そのあとに、旗用の大きな画用紙で「切り紙」を作った。大きな紙であったため、いつもよりも多く切り込みを入れたり、たくさん切って複数の模様を作ったりして、旗づくりを楽しんでいた。最後に、各自の「切り紙」をカラービニールに貼り、ステンドグラス風の旗に仕上げた。
>
>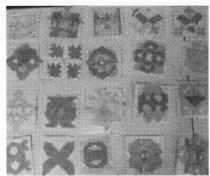
>
> 「切り紙」を楽しむ5歳児　　5歳児が作った「切り紙」

出典：名古屋芸術大学附属クリエ幼稚園『ゆり・すみれだより』10月号　2017年を担当教諭の助言を得て一部改変　(写真：同園提供)

保育の意味

保育者は子どもの姿に、子どもの思いや興味・関心、工夫や技能、さらに、集中し継続する力を見て取っている。そして、それを「学年だより」で保護者に知らせることで、子どもの姿の意味を共有している。

保育者の適切な援助によって「切り紙」が園生活最後の運動会で用いる旗飾りへと発展し、さらに、園生活と家庭生活の連続性が図られた保育と考えられる。

(2) 個別の支援と、関係機関との連携

子どもに障害や発達上の課題がみられる場合には、保護者や関係機関との連携や協力を図りつつ、個別の支援を行うことが大切である。また、外国籍家庭など、特別な配慮を必要とする家庭の場合にも、状況等に応じた支援を行う。場合によっては、支援の内容を小学校に引継ぐことが必要となる。

第3節 ● 小学校との連携

1 ── 幼稚園・保育所・認定こども園と小学校との連携
―学び・育ちの連続性―

小学校に入学したての子どもたちは、生活や環境の変化に戸惑い、すぐには適応することが難しいことがある。小学校1年生の教室では、学習に集中できない子どもがいて授業が成立しないなど、学級がうまく機能しない状況も見られる（小1プロブレム）。そこで、小学校入学後も子どもたちが健全に育ち、学級集団が望ましい状態に形成されるためにも、小学校以降の教育の基盤となる保育のあり方を工夫することが大切になる。なお、ここでいう基盤となる保育とは、小学校教育を先取りすることではなく、幼児期にふさわしい生活や遊びが展開するような援助を行うことである。

さらに、小学校生活への滑らかな移行・接続を図るために、保育所・幼稚園・認定こども園と小学校が相互に子どもの発達の特徴や姿、教育内容を理解し合い、協力して子ども同士の交流や指導方法の工夫や改善に取り組むことが必要となる。

2 ── 連携のあり方

保育者と小学校教員が、互いの教育の違いを踏まえながら、子どもの発達的特徴、実際の姿、教育内容や指導方法について理解を深めるために、以下のような情報交換や研修などが行われる。

① 子どもの情報の引継ぎ

保育者と教員が、入学予定の子どもたちの情報を交換する。保育者は、保育や子どもの様子とともに、入学後に配慮が必要な子どもに対する有効な援助や支援のあり方について伝える。

なお、園では、保育における援助内容や配慮事項などを記した「幼稚園幼児指導要録」「保育所児童保育要録」[※9]「幼保連携型認定こども園園児指導要録」を作成し、就学先の小学校長に送付しなければならない。

※9 保育所児童保育要録
第12章p.149参照。

② 異校種間の参観、授業や保育への参加

相互に、保育や授業を見学、参観、参加することで子どもや指導方法を具体的に理解し合い、それぞれの指導に生かす。

③ 共同研究・研修

小学校との連携について共同で研究や研修を行い、連携や接続についての認識を共有し、深めるとともに、接続期のカリキュラムについて検討する。

④ 交流活動

②や③の取り組みを通して、協力して子ども同士の交流活動を行う。

3 ── 保育を深める交流活動への取り組み

小学校との連携の取り組みの一つに、近隣の小学校との交流活動がある。交流活動では、主に園児が小学校を訪れ、小学生と触れ合い、一緒に活動を楽しんだり、校内を探検（見学）したりする。また、園児が校庭や体育館、図書室などを使用したり、給食を体験したりすることもある。

保育者はこうした取り組みを、体験や楽しみだけに留めず、保育において意味ある活動（幼児期にふさわしい活動）として構成することが大切である。

ある幼稚園では、交流活動を指導計画（課程）に位置づけ、事前・事後の活動を取り入れることで、よりふさわしい活動に構成している（表10−7）。

この実施計画（記録を含む）から、交流活動は、小学校との事前の打ち合わせなど、計画的、協力的な取り組みであることがわかる。また、保育者は子どもの進学先の違いや交流活動の時期、内容に配慮しながら、子どもの意欲や関心を高め、持続させ、思いや経験を以降の生活に生かしている。そして、交流活動はもとより、事前・事後指導の内容や子どもの様子を保護者に伝えることで、「（保育）修了─（小学校）入学」を控えた子どもの姿や思いを共有していることがわかる。

表10-7　小学校との交流活動計画：事前・事後活動の工夫

愛子幼稚園　小学校との交流活動計画

(1)広瀬小学校との事前の打ち合わせ　※期日、内容　役割等について
(2)事前・当日・事後の指導（計画）、及び、子どもの様子（記録）

	主な活動・子どもの姿	教師の援助	子どもの様子（記録）
事前①	○交流会の話を聞く。 ・交流会があることを知る。 ・自分の入学先に関心をもつ。	○交流会があることを伝える。 ○行く小学校が違うことを知らせる。 ○小学校について知っていることを話させたり、過去の例を話したりする。	・期待をもち、楽しみにする。 ・仲間と入学先が同じであることを喜ぶとともに、ほかの小学校にも関心をもつ。
事前②	○交流会の内容について知り、期待をもつ。 ・交流会の内容 ・どこの小学校？ ・どんなことをするの？ ・なにがあるの？ ・だれがいるの？　など	○実施日やどんなことをするのかを伝え、期待がもてるようにする。 ○広瀬小学校に就学しない子どもには、別な日程で自分の小学校に行けることを伝え、安心させる。	・自分が入学する小学校に行けることや1年生と遊べることを楽しみにする。 ・知っている卒園児の名前を話す。 ・広瀬小学校に入学しない子どもも、自分の交流会を楽しみにする。
当日／6月	○交流会の招待状を受け取る 【交流会】①おむかえのことば　②先生の紹介　③園児の歌　④小学生の歌 　　　　　⑤名刺のプレゼント（小学生から）／聞いてみたいこと（園児から） 　　　　　⑥ペア活動（楽しい遊び活動）　⑦あさがおの苗のプレゼント（小学生から） 　　　　　⑧おわりのことば		
事後	○交流会について振り返る。 ・取り組んだこと ・思い ・家族に伝えたいこと　など	○振り返ったり、これから楽しみなことを話させたりする。 ○家庭に交流会や子どもの様子を知らせる。	・プレゼントをもらい、「お返しをしたい」「手紙を書きたい」という気持ちを抱く。

(3)以降予定　　就学時健康診断　　第2回交流会

出典：愛子幼稚園提供

交流会の事前指導の様子／愛子幼稚園（仙台市）

交流活動の様子／仙台市立広瀬小学校

※10　参考：幼児教育センター「幼小接続期カリキュラム全国自治体調査」国立教育政策研究所
http://www.nier.go.jp/youji_kyouiku_kenkyuu_center/youshou_curr.html

4　小学校教育への円滑な移行をめざす取り組み

(1) 幼小接続期のカリキュラム

　幼児期の教育と小学校教育の円滑な接続を図るための取り組みとして、「幼小接続期カリキュラム」がある[※10]。幼小接続期カリキュラムとは、幼児

期と小学校の接続期に有意義な保育や教育を行うためのカリキュラムや指導計画、いわゆる「アプローチカリキュラム」と「スタートカリキュラム」を指すものである。

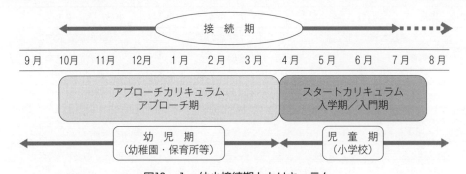

図10－1　幼小接続期とカリキュラム

出典：愛知県幼児教育研究協議会「アプローチカリキュラム編成の手引　理論編」平成24・25年度　p.1
http://www.pref.aichi.jp/soshiki/gimukyoiku/youjikyou2425.html

① アプローチカリキュラム

就学前の幼児が円滑に小学校の生活や学習へ適応できるようにするとともに、幼児期の学びが小学校の生活や学習で生かされてつながるように工夫された5歳児のカリキュラムのことである。

② スタートカリキュラム

幼児期の育ちや学びを踏まえて、小学校の授業を中心とした学習へうまくつなげるため、小学校入学後に実施される合科的・関連的カリキュラムのことである。

(2) 見通しをもった保育

保育者は、アプローチ期に何を重視して小学校就学につなげていくのかを、明確にする必要がある。それは、幼児期に育つ力が、小学校でどのように発揮されていくのかを見通し、5歳児としてのふさわしい姿を具現化する保育について考えることでもある。この取り組みは、園全体で、また、必要に応じて、地域の小学校や他の園と協力して行うことが大切である。

ある中学校区では、幼保小一貫教育を実践している。その計画では、3つの「目指す子どもの姿」(「進んで学ぶ子ども」「夢や希望を持ち、健康でたくましく生きぬく子ども」「ふるさとを愛し、ふるさとを元気にしようとする子ども」)を掲げ、各時期（学年）の姿や中心的な活動を、項目ごと、系統的に配置し、示している（表10－8）。

このように幼小接続期を子どもの育ちや学習の全体像（長期の見通し）の

中で捉えることで、アプローチカリキュラムの役割や位置づけが明らかになり、小学校との有意義な連携や、小学校への円滑な接続が期待されるのである。

表10-8　長期の教育計画に位置づく保育

	年中　年長	小1	小2	小3	小4	小5	小6	中1
		義務教育入門		10歳の壁		中等教育入門		
学習	遊び→学びの萌芽　　　→学び方の理解		話し合いの成立　学び方・自学の定着			話し合いの充実　自主的な学び・自学の広がり		
挨拶礼儀	勢い・元気「声を出す」って気持ちいい		相手意識・礼儀「伝わる」って気持ちいい			広がり・高まり「広がる」って心地よい		
生活	きまり・時間を知る		きまり・時間を守る			自治の経験		
情操		◎あいさつ　　◎読書　　◎体験　　◎歌声　　◎清掃　　◎応援　　◎奉仕						
		教育活動全体でおこなう道徳教育（要としての道徳の時間）						
地域（総合）		生活科（まち探検）		地域・環境・福祉		生き方・職業観		
		※地域行事への積極的参加			社会参画			

出典：山形県南陽市立中川小学校「平成30年度　赤湯中学校区幼保小一貫教育全体計画」『平成30年度　学校経営概要』p. 課-12一部抜粋

> ● 「第10章」学びの確認
> ①5歳児の特徴的な発達や姿を、4歳児や小学生との違いで考えてみよう。
> ②アプローチカリキュラムの内容を想定し、その具体的な活動や取り組み、援助を考えてみよう。
> ●発展的な学びへ
> ①年長児としての思いや活動が連続するような、家庭との連携を構想してみよう。
> ②実習などを振り返り、5歳児らしい姿を想起する。また、保育者が子どもとかかわる姿から、5歳児にふさわしい保育や保育者の願いを考えてみよう。

参考文献

太田直道『揺れる子どもの心』三学出版　1999年
太田直道『生き方の道徳教育＝現代道徳哲学二十講』三学出版　2008年

第10章●5歳児の保育内容

●○● コラム ●○●

5歳児の姿と保育の役割

　4月のある朝のこと。年長（5歳児）になったばかりのA子が、年少（3歳児）の保育室にやって来た。
　「先生、B美ちゃん大丈夫？　何かお手伝いある？」
　「ありがとう。今日はB美ちゃんに自分のロッカーを教えてあげてね」
　「先生、教えてあげたよ。また何かあったらお手伝いするよ。じゃあね」
　A子は、B美に小声で何か話すと、保育室を後にした。B美は小さく手を振り、A子を見送っていた。2年前、A子もまた、同じように年長児の世話を受けていた。

◆

　5歳児は、年少児のお世話をし、自信をもって行動する。しかし、突然そうした力がつき、できるようになったのだろうか。子どもが育つ存在だとしたら、この現在の姿とは、これまでのさまざまな経験や学習を糧に醸成された力が行為として現れたものと考えられる。
　では、醸成された力の"最初"とは何だろうか。人間は、"感じたように考え、考えたように行動する"というが、これに従えば、A子が最初に"感じた"きっかけは、2年前に同じようにお世話を受けたこと（経験）と考えても不自然ではないだろう。つまり、A子のB美への行為（姿）は、入園以来、醸成されてきた"感じて、考えていたこと"の発露なのである。
　このように考えると、保育の役割とは子どもの資質・能力を育て醸成し続ける（連続する）働きといえるが、その根本とは、「最初に子どもが"感じる"ふさわしい環境や経験を作り出し、その"感じ"や思いに気づくこと」なのであろう。

第11章 保育の計画

◆キーポイント◆

　幼稚園・保育所・認定こども園における子どもの生き生きとした主体的な活動は、保育者が日々の子どもの姿を見通し、子どもの実態に応じた指導計画を立案、実践することによって展開される。本章では、保育の全体的な計画、カリキュラム・マネジメントおよび指導計画の意義を理解した上で、指導計画の種類、作成上の留意事項、指導計画と実際の保育とのかかわり等について具体的に学びたい。指導計画は、決して固定的なものではなく、目の前の子どもの状態に即して柔軟に変更・修正する必要がある。そうすることで、子どもの主体的・自発的な活動をより引き出し、豊かな育ちを実現することができる。さらに、指導計画の立案、実践、省察、修正という一連の作業を保育の流れのなかに位置づけ、指導計画を「子どもとともに」創造する視点を養う。そして、指導計画の的確な理解と作成が保育の質の向上にいかに重要な役割を果たすかについて理解を深める。

第1節 ● 保育の全体的な計画とカリキュラム・マネジメント

　幼稚園・保育所・認定こども園（以下、「園」と総称）において、子どもは一人一人が主体的に充実した生活を送り、それぞれの発達段階に必要な経験を積み重ね、子どもに豊かな育ちを保障することが求められる。教育課程の編成や保育内容の充実を図るために、幼稚園は「幼稚園教育要領」（以下、「教育要領」）、保育所は「保育所保育指針」（以下、「保育指針」）、認定こども園は「幼保連携型認定こども園教育・保育要領」（以下、「教育・保育要領」）が示されている[※1]。

　学校教育法に規定された幼稚園教育の目的には、「適当な環境を与えて、その心身の発達を助長する」とある。つまり保育においては、保育者が一人一人の子どもの発達や育ちのプロセスを考慮した上で、明確な保育の目的と目標をもち、それにふさわしい教育内容を選択・配列した環境を構成し、計画的に保育実践を展開していくことが必要とされる。

　保育においては、子どもの「主体性」とともに「計画的な環境構成」が重要な要素となる。しかし、子どもは日々の保育活動において、目の前に現れ

※1　詳細は第3章参照。

た興味深いことに関心を奪われる傾向があり、遊びが思わぬ方向に発展していく場面が数多くみられる。そのような場合、保育者が自身の予想にしたがってあらかじめ用意した素材や道具が全く必要とされないなど、保育者の計画とは異なる活動が行われることとなる。

このように、子どもの主体性を尊重すると、保育者の計画、つまり指導性は後退し、保育者の計画を生かし、指導性を発揮しようとすると、子どもの自発的な活動を阻むことになるのではないか、という問いが生じる。そこで、「幼児の主体的な活動を促す」ことと「適当な環境を与えて」計画的な保育実践を行うことはどのような関係にあるのかを考える必要がある。ここで重要となるのが、保育における計画の考え方である。

園がある一定のねらいをもって保育をする以上、そこには見通しをもった計画的な指導が不可欠である。しかし、その際の「計画」とは、必ずその通りに実施しなければならないものではなく、計画的ではあるけれども状況に応じて変更可能な「計画」である。また、ここでいう「指導」とは、保育者から子どもへ一方的に「教える」ものではなく、保育者が子どもとかかわりながら子どもの主体的・自発的な活動を支える「援助」であると考えられる。

このように、保育における計画とは子どもの主体的な活動を保育者とともに創り出すための変更可能な設計図であるといえるだろう。

1 ── 教育課程・保育の全体的な計画とは

教育課程とは、幼稚園や認定こども園において入園から修了までの間に子どもが園の環境や地域の実態に即していかに保育を展開していくのかを見通す教育計画をいう。幼稚園においては、この教育計画を中心にして、幼児の一日の生活全体を視野に入れた「全体的な計画」を作成し、教育活動の質の向上を図る必要がある。

また保育所においては、これまでの「保育課程」に代わり、保育所の保育方針や目標に基づいて、保育の内容が保育所の生活全体を通じて総合的に展開されるよう「全体的な計画」を作成する必要がある。

各園においては、園長のリーダーシップの下で教職員が連携を取りながら、全体的な計画を作成し、これによって一体的、包括的に教育・保育活動が展開できるようにする必要がある。

2 ── カリキュラム・マネジメントとは

　全体的な計画の作成にあたっては、「育みたい資質・能力」や「幼児期の終わりまでに育って欲しい姿」を意識して、子どもの発達や生活全体を見通す必要がある。このとき重要となるのが「カリキュラム・マネジメント」という考え方である。

　各園では、全体的な計画からより具体的な指導計画を作成する。しかし、子どもにとってよりよい教育・保育を模索するためには、計画したことを実践するのみにとどまらず、振り返りや見直しを行い、それを次の計画に反映するという取り組みが必要となる。これらは、PDCAサイクル（Plan：計画－Do：実践－Check：評価－Action：改善）と呼ばれ、こうした一連の体制を園全体で整えて、教育・保育の質の向上を図ることをカリキュラム・マネジメントという。

　カリキュラム・マネジメントは、園長を中心としながら、各クラスの担任を含めすべての教職員がそれぞれの立場から子どもの育ちについて考えることが大切である。こうした組織的な取り組みが園全体の質を向上させることにつながるといえる。

第2節 ● 指導計画の位置づけ

1 ── 指導計画の特性

　指導計画とは、園の全体的な計画に基づいて作成される、より具体的な計画をいう。教育課程や全体的な計画は、在籍期間を通じた園の教育目標やめざすべき子どもの姿を見通した計画である。これに対して指導計画は、一人一人の子どもの姿に寄り添いながら、園や地域の状況、そして子どもを取り巻く環境に応じて保育を展開していくための、具体的・実践的な計画であるといえる。

　指導計画は、以下に示す通り長期の指導計画（年・期・月）と短期の指導計画（週・日）に大別される。

(1) 長期の指導計画
　① 年の指導計画
　年の指導計画とは、教育課程や全体的な計画で設定した教育目標やめざすべき子ども像を実現するために、子どもの発達や集団の育ちに即して、年間の子どもの姿を見通した保育の活動内容を計画するものである。その際、子どもを取り巻く園や地域の環境、行事等を考慮し、それぞれの時期にふさわしい生活が展開されるよう作成する必要がある。
　② 期の指導計画
　期の指導計画とは、年の指導計画をより具体的にとらえ、その活動内容を計画するものである。つまり、年の指導計画で示された大枠を踏まえ、子どもの姿、ねらい、内容を前提として期の指導計画を作成することとなる。期の区分は、保育者が生活する子どもの姿から発達の節目を探り、生活が大きく変わる時季が目安となる。したがって、何を基準として期を区分するかは、各園の子どもの実態に即して考えなければならない。
　③ 月の指導計画
　月の指導計画とは、年や期の指導計画で示された活動内容を月単位でさらに具体的にとらえ計画するものである。年間におけるその月の位置づけや他の月との関連、また行事や歳時記などを踏まえ、その月に達成すべきねらいや活動を具体的に計画する。その上で週、日など短期の指導計画との関連を考慮することが必要である。

(2) 短期の指導計画
　① 週の指導計画
　週の指導計画とは、「1週間」を一つの生活の単位としてとらえ、保育の計画をより具体的・実践的にとらえた指導計画をいう。週の指導計画では、子どもの生活や活動の流れを重視するため、1週間の活動だけではなく、「前週－今週－次週」という週単位のつながりを考慮する必要がある。さらに、目の前の子どもの活動に応じて、日々柔軟に計画を修正・変更し得る案としてとらえることが重要である。
　② 日の指導計画
　日の指導計画とは、週の指導計画や前日までの保育活動の流れをもとに、「1日」を1つの単位として、保育活動を最も具体的なレベルでとらえた指導計画をいう。日の指導計画では、その日のねらいを実現するために、1日の時間的経過に沿って、生活の流れ、環境構成、保育者の援助などを詳細に記述していく。

子どもの活動は偶発的な出来事や興味・関心の変化によってさまざまな広がりをみせる。したがって、ねらいを実現するための具体的な手だては、事前に立てた計画に固執した画一的・固定的なものではなく、あくまでも子どもの目線に立って柔軟に対応しえるものでなければならない。

③ 部分の指導計画

部分の指導計画とは、1日の保育活動のなかから、部分的な保育の展開を取り出して保育の展開を詳細に計画し、その活動の目標やねらい、保育内容、時間の経過や保育者のかかわりなどを記述する案をいう。部分の指導計画は、日常的に作成されるのではなく、主に園の行事やイベントなど限られた時間内で保育活動を行う際や学生の実習（教育実習・保育実習）において、ある一定の時間の保育活動（手遊び、紙芝居、パネルシアターなど）を行う場合などに作成される。保育はそれぞれの活動が部分的に独立しているのではないため、部分の指導計画が1日の保育の流れのなかに調和的に位置づき、前後の活動と関連をもつよう配慮する必要がある。

2 ── 指導計画のねらいと留意点

先に述べたように、ある一定のねらいをもって保育を行う幼稚園・保育所では、見通しをもった計画的な指導が必要となる。子どもに寄り添いながら、組織的、発展的な指導計画を作成するために、柱となるいくつかのポイントを念頭に置く必要がある。

指導計画作成に関するねらいと留意点は、教育要領、保育指針、および教育・保育要領に詳しく示されているが、具体的な留意点は表11-1、表11-2のようにまとめられる。なお、教育・保育要領では、指導計画の留意点として、教育要領と同様の内容が引き継がれて記載されている。認定こども園の指導計画に特徴的であるのは、「特に配慮すべき事項」において、障害のある子どもの指導について、より拡張された内容が記載されている点である。具体的には、「障害のある子どもが他の園児との生活を通してともに生活できるよう」指導計画を個別に作成することが盛り込まれ、広く特別支援の重要性が示されている。

では、教育要領等に示された指導計画作成に関する留意事項をおさえた上で、特に考慮すべき点についてみていきたい。

① 具体的に作成すること

教育課程および全体的な計画は、保育の全体的な枠組みを示したものである。それを日々の保育として実践に移すためには、より具体的で詳細な指導

表11-1　幼稚園教育要領　指導計画作成上の留意点

	指導計画作成上の留意事項のポイント
1	長期指導計画と短期指導計画の関連重視 ・年・期・月の長期指導計画と週・日の短期指導計画は関連を保ちながら具体的に作成する ・週・日の指導計画は、幼児の生活のリズムに配慮し、幼児の意識や興味の連続性のある活動が相互に関連して幼稚園生活の自然な流れの中に組み込まれるようにする
2	人やものとのかかわり ・多様な体験を通じて、心身の調和のとれた発達を促す ・主体的・対話的で深い学びを実現できるようにする ・一つ一つの体験が相互に結び付き、幼稚園生活が充実するようにする
3	言語環境の整備と言語活動の充実 ・言語に関する能力の発達と思考力等の発達が関連していることを踏まえる
4	見通し・振り返りの工夫 ・次の行動への期待や意欲をもてるようにする
5	行事の指導 ・幼児が主体的に楽しく活動できるようにする ・教育的価値を十分検討し、幼児の負担にならないようにする
6	直接的な体験の重視 ・視聴覚教材や情報機器は幼児の体験との関連を考慮する
7	教師の役割と指導 ・幼児の主体的な活動を促すために、教師が多様なかかわりをもつ ・教師は、幼児の発達に必要な豊かな体験が得られるよう活動の場面に応じて適切な指導を行う
8	教師同士の協力体制 ・幼稚園全体の教師による協力体制をつくる ・一人一人の幼児が興味や欲求を十分に満足させるよう適切な援助を行う

計画が必要となる。先に述べたように、保育実践は計画通りに進むものではない。しかし、たとえ変更や修正を前提とした計画であるとしても、ねらいや内容をはじめとするすべての項目（予想される子どもの姿、保育者の援助、環境の構成など）について漠然とした抽象的な表現は避け、はっきりと具体的な言葉や数で記述する必要がある。その上で実践に取り組むことで、保育者自身の子どもに対する理解や保育に対する改善点もより具体化することができるだろう。

②　一人一人の子どもに応じていること

園での生活は、クラスを単位とした集団生活の場である。子どもは集団のなかで人とのかかわりや生活の決まりなど数多くのことを学ぶ。クラス全体の活動を計画する際には、子どもを集団としてとらえ、平均的な発達の姿をおさえることが重要である。

しかし、子ども一人一人の興味・関心の対象は必ずしも同一ではない。さらに、同じ活動に取り組んだとしても、子どもを取り巻く環境やこれまでの

表11-2 保育所保育指針 保育の指導計画作成および展開の留意事項

		保育の指導計画作成・展開にあたっての留意事項
指導計画の作成	1	長期的な指導計画と短期的な指導計画 ・全体的な計画に基づき、長期的な指導計画と短期的な指導計画を作成して、保育が適切に展開されるようにする
	2	一人一人に応じた指導計画 ・発達過程や状況を十分にふまえる
	3	具体的なねらい及び内容の設定・適切な環境構成 ・生活の連続性、季節の変化を考慮し子どもの実態に応じる ・子どもの生活する姿や発想を大切にして適切な環境を構成し、子どもが主体的に活動できるようにする
	4	在園時間が異なる子どもへの配慮 ・活動と休息緊張感と開放感等の調和を図る
	5	長時間保育への配慮 ・保育内容や方法、職員の協力体制、家庭との連携などを指導計画に位置づける
	6	障害のある子どもへの適切な対応 ・一人一人の子どもの状態を把握し、他の子どもとともに成長できるよう指導計画に位置づける ・家庭や関係機関との連携した支援のための計画を個別に作成する
指導計画の展開	1	すべての職員の協力体制 ・施設長、保育士などの適切な役割分担と協力体制を整える
	2	子ども自らが活動できるような援助 ・子どもが行う具体的な活動は、生活の中でさまざまに変化することに留意する
	3	保育士のかかわり ・子どもの主体的な活動を促す ・情緒の安定や発達に必要な豊かな体験が得られるよう援助する
	4	保育の過程の記録と保育内容の改善 ・子どもの実態や子どもを取り巻く状況の変化などに即して保育の過程を記録する ・保育の記録を踏まえ、指導計画に基づく保育内容の見直しと改善を行う

経験によってそこから感じ取る事柄や身につけるものは子どもによって異なる。したがって、指導計画を立てる際も、集団として子どもをみる視点と同時に、個として子どもをみる視点、つまり、ある活動が一人一人の子どもにとってどのような意味をもつのか、ということを考えることが重要となってくるだろう。

③保育者間の連携をとること

　保育現場においては、さまざまな保育観をもつ保育者が共同で一つの保育実践や一人の子どもとかかわる場面がある。その際、意見の相違や意思の疎通不足など、指導計画に対する共通理解を得て連携することができなければ適切な援助を行うことはできない。こうした保育者間の連携をとるために重要となるのが、意見の違いを認め合い、保育者として対話的関係をつくる力

である。指導計画の作成を軸に対話を繰り返すことで、子どもの現状を保育者間で共有することができる。こうした日常的なコミュニケーションを通して、子どもの育ちを共有し、保育の連携を深めることができる[※2]。

※2 一人一人の子どもをすべての教職員が連携を取り合って指導していくことを「チーム保育」という。さまざまな視点から子どもを多角的にとらえることで、一面的な子ども理解を避け、より的確なかかわり方を見出すことができる。

第3節 ● 指導計画の作成と展開

1 ── 長期の指導計画と短期の指導計画の実際

先に述べたように、指導計画には長期の指導計画と短期の指導計画の2種類があり、教育要領、保育指針、および教育・保育要領においても両者の関連が重視されている。長期の指導計画は、子どもの生活や発達を見通した全体計画であり、短期の指導計画は、長期の指導計画に基づいて全体計画を実践に移すためのより具体的で変更可能な計画をいう。

ここでは、実際に園で作成された指導計画を挙げて具体的な内容について見ていきたい。

2 ── 保育の展開における指導計画の位置づけ

保育者が立案する指導計画は、常に日々の保育実践と密接にかかわる必要がある。計画が園の実態に即し、目の前の子どもの姿を反映したものとなるためには、指導計画を保育の展開のなかに位置づけることが重要となる。つまり、指導計画が保育実践のなかでどのように機能し、一人一人あるいは集団としての子どもに寄り添ったものになるか、常に考えることが必要となる。保育の展開における指導計画の位置づけは図11-1に示した通りである。

この図から、指導計画は保育者が作成した計画を実践に「下ろす（トップダウン）」のではなく、子どもの実態から計画を「上げて（ボトムアップ）」作成することがわかる。以下、保育の展開の7つのプロセスについてみていくこととする。

(1) 観察を通して子どもを理解する

指導計画の作成は、目の前の子どものありのままの姿をみつめ、子どもの興味・関心、欲求、発達段階など子どもの実態を十分に理解することからはじまる。一人一人の子どもの姿をみることなしに指導計画を作成し、それを

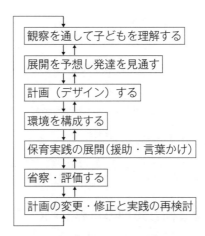

図11-1　保育の展開における指導計画の位置づけ

実行することは、子どもの育ちのプロセスを無視することとなり意味をなさない。

　一人一人の子どもを丁寧に観察し、理解することは指導計画の作成だけではなく、あらゆる保育実践の出発点となる。ここでの観察は、その場限りの細切れの観察あるいは、ただ漠然と眺めるといったものではなく、一人一人の子どもに何を育てていきたいか、そして、子どもにとって今、何が育ちつつあり、何が必要なのか、という意図をもった継続的な観察でなければならない。

(2)　展開を予想し発達を見通す

　一人一人の子どもの姿を観察すると、興味・関心とともに遊びへの取り組み方、友達とのかかわり、乗り越えようとしている壁など、今、その子どもにとって必要な具体的な活動や課題を見出すことができる。たとえば、折り紙や工作が得意な子どもがいれば、クラスのなかでその子どもが活躍できるような場面や取り組みを設定することができる。また苦手な食べ物のある子どもには、その食べ物を栽培したり、関連する遊びや絵本などを用いて食べる意欲をもたせることなどが可能である。このように、一人一人の子どものなかで興味を深め、発展させる取り組み、あるいは周囲の子どもとのかかわりのなかで広がりをみせる取り組みなど、今、子どもたちが必要としている経験や発達の課題を見通し、それらを日々の活動のなかに組み込むことが大切である。

(3) 計画（デザイン）する

　子どものありのままの姿を観察し、子どもに育ちつつあるものを理解した上で今後の保育の展開を予想したら、それに基づいて指導計画を立案することとなる。計画の種類はすでに述べたとおりであるが、いずれもここでの計画は保育者が一方的に立てた固定的、絶対的なものではなく、あくまでも子どもの日々の生活や活動から立ち上げられた仮説、つまり変更可能な計画であるととらえることが重要である。つまり、保育における計画は、保育者の「指導のための計画」ではなく子どもの「育ちのための計画」ととらえることができる。したがって、保育者は保育実践を計画通りに実施することにとらわれるのではなく、子どもの実態やその場の状況に即して柔軟で幅のある対応をとり、つねに子どもの視点に立ち返ることが求められる。

表11－3　年の指導計画例（幼稚園・2年保育・4歳児）

期	月	ねらい	内　容	週数
Ⅰ	4月～5月	○喜んで登園し、園生活に親しみをもつ。 ○戸外で身近な自然に触れて遊ぶ。	・先生やたくさんの友達がいることを知る。 ・幼稚園にはいろいろな場所や遊具・用具があることを知る。 ・幼稚園での生活の仕方を知る。 ・飼育物や草花に興味をもち、みたり触ったりする。	○週と○日
Ⅱ	5月～7月	○先生や友達と一緒に触れ合って遊ぶ。 ○夏の自然に触れて遊ぶ。	・同じ遊びをする友達に関心をもったり、かかわったりして遊ぶ。 ・簡単なおに遊びや集団遊びをする。 ・いろいろな水遊びをし、感触を味わう。	○週と○日
Ⅲ	9月～12月	○戸外で体を十分に動かし遊ぶ。 ○さまざまな方法で表現する楽しさを味わう。 ○秋の自然に触れ、興味をもって遊ぶ。	・力いっぱい走ったり、体を動かしたりして遊ぶ。 ・身近な材料、用具を使ってかいたりつくったりして遊ぶ。 ・友達と一緒に歌ったり、楽器を鳴らしたりする。 ・秋の自然に触れながら、観察したり遊びに取り入れたりする。	○週と○日
Ⅳ	12月～3月	○寒さに負けず、戸外で思い切り体を動かして遊ぶ。 ○伝承的な遊びや行事に興味をもつ。 ○冬の自然や春の訪れに気づく。 ○進級する喜びや期待をもつ。	・寒さのなかで、体が温まる遊びをする。 ・お正月遊びを友達と一緒にする。 ・豆まきやひな祭りに親しみをもつ。 ・雪・氷・霜をみつけて触って遊ぶ。 ・木の芽や草花の芽生えに気づく。 ・年長児や新入園児へのお祝いの品や飾りを心を込めてつくる。	○週と○日

表11-4　期の指導計画例（幼稚園・2年保育・4歳児）

	Ⅰ期（4月〜5月中旬）
幼児の姿	○新しい生活に対して期待しながらも、緊張して登園してくる幼児や不安で保護者から離れるのを嫌がって泣く幼児など、さまざまである。 ○衣服の着脱や身の回りの始末などに、個人差があり、教師の援助を必要とする幼児が多い。 ○自分から遊び出したり教師に誘われて遊んだりするが、持続時間が短い。 ○次々と遊びが変わり、片づけを忘れてしまいがちである。 ○乗り物・固定遊具を使って遊んだり、ままごとやブロックなどで遊ぶ幼児が多い。 ○花びらや虫をみつけたり身近な飼育物に興味をもち、触れて遊ぼうとする。
ねらい及び・内容	○幼稚園や先生に興味をもち、喜んで登園する。 　・室内・戸外のいろいろな遊具を使って教師や友達と一緒に遊ぶ。 　・先生やクラス・友達の名前を知り、親しみをもつ。 　・身近にある遊具や固定遊具で遊ぶ。 ○幼稚園の生活に慣れる。 　・自分の持ち物の置き場所や始末の仕方を知る。 　・園生活の仕方（うがい・手洗い・便所の使い方）を知る。 　・いろいろな遊び方を知り、安全に気をつけて遊ぶ。 　・遊んだ後の片づけを教師とする。 ○園内外の身近な自然に親しむ。 　・園内の飼育動物に親しみをもつ。 　・花や小虫などをみつけ、触れたり集めたりする。 　・砂場での遊びを楽しむ。
環境構成・教師の援助	○親しみのもてる遊具、素材、自然物を用意し、遊びはじめやすいような場をつくっておく。 ○子どもたちが使いたい遊具で遊べるよう遊具の数を多めに用意しておく。 ○遊具は、幼児の目につきやすく、出し入れしやすい場所に具体的(絵・写真)な目印をつけておく。 ○幼児とともに遊びながら、必要に応じて場を整理して遊びやすい状態にする。 ○靴箱・個人棚・タオル掛けなど自分の持ち物の置き場所には、各自の目印となるシールを貼り、わかりやすいようにしておく。 ○みつけた小虫や花びらなどを、入れる容器・袋などを用意する。 ○一人一人が安心感をもって、登園できるよう、にこやかに温かい雰囲気で受け入れる。 ○保護者と離れにくい場合は、幼児が納得いくまで保護者にいてもらい、その要因を探り対応するようにする。 ○園庭の遊具・用具の安全を確かめ、安全に遊べるようにする。 ○生活の仕方や基本的生活習慣は、具体的に方法をみせたり知らせたりして、個別に繰り返し指導する。 ○園庭の動植物に親しみがもてるよう、一緒に虫探しや花びら集めをする。 ○春の自然に親しめるよう、戸外遊びに誘うようにする。
行事	入園式　健康診断　身体測定　家庭訪問　誕生会　参観日　交通安全指導　園外散歩
家庭地域との連携	○教育目標や園の方針を話したり、園だよりやクラスだよりを発行したりして、幼稚園への理解を深める。 ○家庭訪問を行い、幼児の生育暦や家庭環境を理解し、個々に応じた指導の手だてになるよう、保護者との連携を密にする。 ○降園時に、その日のクラスの様子を知らせたり必要に応じて個人的に話をしたりして、保護者との信頼関係をつくるようにする。 ○緊急連絡網を作成し、非常時の態勢に備えるようにする。 ○安全に登降園できるよう、交通安全指導を行い保護者の理解・協力を得るようにする。 ○参観日を生かし、保護者に園生活の流れや子どもの様子を知ってもらえるようにする。

表11-5 週案の指導計画例（幼稚園・2年保育・4歳児）

I期　3週　4月20日（月）～4月24日（金）

幼児の姿	・不安そうな子もいるが、自分から遊びをみつけて遊んでいる。自分のしたい遊びを楽しんでいる。 ・入園前から知っている子がいるようで、その子と一緒の遊びをしている。 ・教師の話を理解して行動している子ども、そのつど一緒に再度確認の必要な子どもがいる。 ・幼稚園に来ることを楽しみにしている子どもが多いようである。 ・自分の持ち物の置き場所やいすがどこにあるかわかってきたようである。 ・みんなで歌ったり、絵本をみたりすることを楽しんでいるようである。
ねらい・内容	○喜んで登園し、先生や友達に親しみを感じる。 ・先生や友達の名前や顔を知る。 ・幼稚園が遊びの場であることを知り、好きな遊びをみつけて遊ぶ。 ・先生や友達と一緒に手遊びや歌をうたったり、絵本をみたりする。 ・自分のシールを決める。・トイレの場所や手洗いの仕方を知る。 ○園での生活の仕方に慣れる。 ・自分の保育室、靴箱、棚など生活に必要な場を知る。 ・「おはようございます」などのようなあいさつをする。 ・靴やリュックサックなどの始末の仕方を知る。 ・うがい、手洗いの仕方を知る。
環境構成	○友達と一緒に落ち着いて遊土遊びができるように遊具や用具を目につく場所におく。 ○取り出しやすく片づけやすいように、テーブル、シートを用意し、道具を取りやすい場に置き場所、写真や名前を表示しておく。 ○固定遊具の下に人工芝を敷いて、安全に遊べるようにする。 ○戸外での遊びができるように、教師も戸外へ出て、砂場遊びの道具を出したり、倉庫をあけたりして一緒に遊べるようにする。 ○三輪車などの園庭の片付け方や場所がわかるように写真や言葉で知らせる。 ○自分の持ち物の始末ができるように一人一人の目印のシールを貼っておく。 ○園内巡りをし、いろいろな部屋や場所の確認をする機会をもつ。 ○花びらが集められるように、空容器や空き箱を用意しておく。
教師の援助	○幼児がしたいと思っている遊びができるように遊具用具や粘土遊びが目につく場所におく。 ○友達と一緒に落ち着いてスキンシップをとりながらの幼児が教師に親しみや信頼感をもてるように心がける。 ○不安な幼児は、手をつないだり抱っこをしたりして安心感がもてるようにする。 ○幼児の知っている歌を一緒にうたったり、絵本をはっきりして短い内容の絵本を読んだりして楽しさを気づけるようにする。 ○戸外の遊びに関心がもてるよう、教師も一緒に外に出て遊ぶことが安定するまで気持ちをみながら一緒にいる楽しさを、保護者から離れにくい幼児は、無理に離そうとせず、教師にシールを貼り、しばらく様子をみながら、降園準備の仕方など〔がわかるよ〕うに毎回個人的にかかわり、自分でできるようにする。 ○園での生活の仕方（帽子、かばん、コップ、タオルのたたみ方やトイレの使い方、遊具の片づけ方、降園準備の仕方など）がわかるように伝えていくようにする。 ○幼児が関心のもった遊びを教師も一緒に遊び、他児にも知らせていく。 ○遊具の片づけ場所がわかりにくい幼児には、一緒に片づけたり、自分でできることをてつだってもいく。 ○自分の思いを上手く表せない幼児もいるので、表情や動作から気持ちを汲み取ったり、忘れているものを確認するようにしていく。 ○登降園時のもち物の確認を忘れないようにする。表現動作から気持ちを汲み取ったり、個人的内容をかけて自分ですることの必要性を知らせるようにする。
予想される幼児の活動	○好きな遊び （室内） ・ブロック（デュプロ・井型） ・粘土 ・汽車 ・ままごと（エプロン・テーブル） ・絵をかく（絵・鉛筆） （戸外） ・固定遊具（滑り台） ・砂場で遊ぶ ・三輪車・スケーター ・花をみる・花びら集めをする。 ○全体活動 ・歌をうたう（ちゅうりっぷ）「ずんずんでひらいた」）。 ・絵本を見る（自然、ノンタンシリーズ）。 ・ノートにシールを貼る。 ・手遊びをする（おくさんがさてきて」他）。 ・スモックを着る。 ・クレパスを使う。 ・リズム表現をする。 ・のりを使う。
家庭との連携	○持ち物などの説明をわかりやすく、具体的に実物をみせながら説明する。 ○降園園時には保育室まで入ってもらい、その日の子どもの様子や遊びについて話をしたり協力してもらうことを伝えたりする。
行事	4月22日　そうさんクラブ

表11-6　日案の指導計画例（幼稚園・2年保育・4歳児）

　　　　　　　　　　　　　　　　日　時　〇〇年5月10日（水曜日）8：30～12：00
　　　　　　　　　　　　　　　　場　所　すみれ組保育室・園庭
　　　　　　　　　　　　　　　　対　象　男児12名・女児11名　計23名（2年保育4歳児）

(1)　ねらい
　　・自分から好きな遊びをみつけ、友達とかかわって遊ぶ楽しさを味わう。
　　・曲に合わせて友達と一緒に体を動かす楽しさを味わう。
(2)　内　容
　　・友達とかかわりながら、好きな遊びをする。
　　・友達と身体を動かして遊ぶ。
　　・自分の気持ちや考えを友達に話したり、友達の話を聞いたりする。
(3)　展　開

時　刻	生活の流れ	△　環境構成　〇　教師の援助
8：30 〜 8：40	〇登園する。 〇朝の用意をする。 ・コップ、タオルをかける。ノートにシールをはる。 〇好きな遊びをする。 室内 ・ままごと ・ダンス ・ブロックや汽車 ・ボール入れ ・虫や亀、鳥をみる。 ・好きな絵をかく。 園庭 ・固定遊具、乗り物 ・砂場遊び	〇一人一人に声をかけ、温かく明るく迎えるようにする。 〇身支度に時間のかかる幼児に声をかけ、自分でできる喜びが味わえるようにする。 △遊び出しやすいように、遊具や用具を子どもの目につきやすいところに出しておく。 △日差しが強い時には、パラソルを出し、心地よく遊べるようにする。 〇他の遊びの妨げにならないよう、遊びの場所に配慮する。 〇遊びがみつからない幼児には、教師から声をかけ一緒に遊びながら、友達とかかわりがもてるようにしていく。 〇遊具の扱い方が粗雑にならないよう、大切に使っている様子を認め、意識できるようにする。 〇教師もともに遊びながら、幼児が楽しんでいることは何かを知るようにする。また、困っている時は手助けをする。 〇安全に留意しながら遊ぶ。
10：00	〇片づけをする。	△使ったものの戻し場所がわかるように、遊具や用具の置き場所に絵や写真を貼っておく。 〇最後まで片づけられるよう、一生懸命片づけている幼児を認め、他児にも、知らせるようにする。 〇片づけの時間を十分にとり、最後まできちんと片づける気持ちよさを味わい、習慣づくようにする。
10：30	〇排泄・手洗い・うがいをする。 〇歌を歌う。 〇リズム遊びをする。 ・歩く・止まる。 ・ポーズで止まる。	〇水の量、手の洗い方、トイレのスリッパの並べ方などを確認し、個人的に指導する。 〇みんなで歌う楽しさが味わえるよう、声の出し方を知らせる。 〇はじめは、幼児の動きに合わせてピアノを弾くようにする。 〇ピアノの音をよく聴いて体を動かしたり止まったりしている幼児を認め、聴く大切さに気づかせ、曲に合わせる楽しさが味わえるようにする。 〇子どもの動きの素敵なところをみつけてほめ、やる気がもてるようにする。
11：00	〇絵本をみる。 〇先生や友達の話を聞く。	〇全員がみえる場所に座っているか確認してから読みはじめる。 〇子どもの表情や反応に気をつけながら読む。 〇友達がどんな遊びをしていたかを聞き、友達のしている遊びに興味がもてるようにする。 〇明日の遊びに期待がもてるようにする。
11：20	〇降園準備をする。 ・コップとタオルをかばんに入れ、椅子にかける。 ・帽子をかぶる。 ・ノートを返してもらう。 〇降園する。	〇忘れ物がないように確認し、忘れている子どもに声をかける。 〇タオルをたたんでいる子どもを認め、他児にも気づかせるようにする。 〇帽子の前後が反対になっていないか確認する。 〇一人一人に声かけをしながら返し、明日も園に来る気持ちがもてるようにする。

(4) 環境を構成する

　指導計画を立て、子どもの実態に即した保育実践のねらい、内容等を設定し、次にその計画に基づいて、子どもに経験させたい活動に必要な環境（人的・物的）を構成する。その際、遊具や道具、材料等を保育室にただ並べるのではなく、具体的に一人一人の子どもの顔を思い浮かべながら、「この絵本は○○ちゃんに気づいて読んでほしい」「このおもちゃは○○くんの昨日の遊びを発展させるために使ってほしい」など子どもの動線や遊びの傾向を考慮し、一つ一つの素材に保育者の願いを込めて配置することが重要である。そうすることで、一人一人の子どもの活動は豊かに膨らんでいくのである。

(5) 保育実践の展開（援助・言葉かけ）

　計画に基づいて、実際に保育実践が展開されるが、計画の意図を正しく実践に反映するために、計画段階でより具体的な記述が必要となる。たとえば、「○○できるよう声をかける」、「○○するよう励ます」のようなあいまいな記述では、実際に行動に移す場合、何と声をかけ、励ませばよいのか戸惑ってしまうだろう。計画と実践の間にこうした「ズレ」ができないように、どの子どもにどのような言葉をかけるのか、また援助はどのような方法をとるのか、より具体的にイメージしておくことが大切である。

(6) 省察・評価する

　保育実践は大まかな流れとして、観察→予想→計画→環境構成というプロセスを経て行われる。しかし、保育は計画をただ実践すれば終わりではなく、実践の後の反省・評価が非常に重要な意味をもつ。先に述べたとおり、指導計画はあくまでも仮説である。仮説である計画が実際にどのように実践されたのか、子どもの姿を通して計画通りに進んだ点、また進まなかった点とその理由を考えて自分自身の保育をもう一度振り返り、次の実践へとつなげていく必要がある。そうすることで、計画段階では見落としていた点、理解が不十分であった点などが明らかになり、子ども一人一人に対する理解をより深め、明日へのよりよい保育実践を創造することへつながる。

(7) 計画の変更・修正と実践の再検討

　指導計画は、子どもの豊かな育ちに必要な経験を組織的に組み立て、具体的に実践するために必要なものである。保育者は、日々の子どもの姿を丁寧に観察しながら子どもにとってふさわしい活動を予想し計画を立てる。しかし、子どもの興味・関心や遊びへの取り組みは、その時々の状況や天候、突

発的な出来事などによって大幅に変化することもある。昨日まで大きな盛り上がりをみせていた遊びであっても、今日にはまったく興味が失われていたり、またその逆もあるだろう。このように指導計画はあくまでも計画であり、子どもを活動の主体とする以上、計画通りに進まないことがむしろ当然であると考えられる。したがって、計画を実践に移す際には、計画と実践との差（ズレ）をいかに修正し方向転換するかということが重要となる。

　計画に基づいた実践を振り返り、再検討した上で次の実践に生かすという一連の積み重ねは、子どもへの理解を深め、保育者としての力量形成につながる営みであるといえる。

　以上のように、指導計画はそれ自体独立して存在しているのではなく、あくまでも子どもの実態に沿って、保育実践の展開のなかに位置づいているといえる。そして、それぞれのプロセスは、一方向に進むのではなく、計画を立てながらもう一度、子どもの姿を観察する、また環境構成をしながら計画を立て直すなど、進んだり戻ったりしながら展開していくことが重要である。
　子どもの主体性を重んじる保育だからこそ、一人一人の子どもの目線に立った指導計画が必要である。仮説としての指導計画がない保育実践では、一人一人の子どもの育ちや活動の意味を十分に受けとめ、柔軟に援助していくことはできないだろう。このように指導計画は、保育者のためではなく、子どもの豊かな育ちのために存在するのである。こうした指導計画の意義をしっかりと認識した上で、保育実践の質の向上が図られることが望ましい。

●「第11章」学びの確認
①長期の指導計画と短期の指導計画の種類とその特徴を整理してみよう。
②指導計画を作成する際の留意点を整理してみよう。
●発展的な学びへ
①保育実践における指導計画の意義について考えてみよう。
②子どもの姿を思い浮かべながら、実際に指導計画を立ててみよう。

引用・参考文献

1）大豆生田啓友・三谷大紀編『最新保育資料集2018［平成30年版］』ミネルヴァ書房　2018年
2）森上史朗・柏女霊峰編『保育用語辞典（第8版）』ミネルヴァ書房　2015年
3）小田豊・神長美津子監　秋田喜代美編『教師のさまざまな役割―ともに学び合う教師と子ども―』チャイルド本社　2000年

●○● コラム ●○●

子どもを活動の主体におくカリキュラム・デザイン

　保育においては、子どもが自分自身の興味や関心に沿って能動的にものごとに取り組む姿勢を育てることが大切である。そのために保育者は、一人一人の子どもの発達を見通しながら計画的に環境を構成することが求められる。こうした考え方は、今日の保育においてだけではなく、およそ100年前のドイツで実践された「子どもから（vom Kinde aus）」をスローガンとする新教育においても重視されていた。なかでもオットー（Otto, Berthold）は、子どもを活動の主体におくカリキュラム・デザインを提唱し実践した教育者として知られる。

　オットーはカリキュラムを構想する際、「子どもを見守るとき、私は、彼らがこれまではどうであったか、そして、それから子どもがどのように目的意識を生じさせてきたか、いかに自らに必要とするものを選択していたかについて考える」と述べ、子どもの姿を見守ることを基本としている。彼は、1つの活動を連続性のなかでとらえ、その活動に至る子ども自身の内的な動機を重視している。

　オットーは、子どもを見守り、そこから得たさまざまな情報をカリキュラムに生かす工夫をしていた。その1つが「子どもノート」の存在である。オットーは、一人一人の子どもを見守り、子どもの興味・関心、活動さらには小さな「つぶやき」をも丁寧に「子どもノート」に記録し後の実践に反映させていた。

　保育には日誌等さまざまな記録がある。子どもの活動や保育者のかかわりを詳細に記述することは大変な作業である。しかし、これらの積み重ねが子どもに寄り添ったカリキュラムや保育実践を創造し、子どもにとってよりよい保育の実現と保育者としての専門性を高めることにつながるのである。

第12章 保育の記録と評価

◆キーポイント◆

日々の保育を記録することや保育を評価することの目的は、一人一人の子どもについて理解を深め、保育の質を向上することにある。保育者は反省的実践家[※1]とも呼ばれ、日々の保育を振り返り、明日の保育へ生かす営みこそ、保育者の専門性の核となる部分である。本章では保育の記録方法や評価の種類を学び、保育者となったのちにも専門性を磨き続ける態度や技術を身につけよう。

※1　反省的実践家
D. ショーン（柳沢昌一・三輪健二監訳）『省察的実践とは何か―プロフェッショナルの行為と思考―』鳳書房2007年参照。

第1節 ● 保育を記録することの意義と方法

1 ── 日々の保育から子ども理解・遊び理解を深めるために

保育とは、子どもの気持ちに寄り添う、子どもの興味・関心に則した保育計画を立てることが求められる職業である。今、あなたの隣に座っている人は、どんなことに興味をもっているだろうか。どんな気持ちでいるだろうか。そうあなたが思ったのはなぜだろうか、あなたが感じたことは間違っていたのだろうか。対人関係に絶対的な正解は存在しない。これは相手が子どもであってももちろん同じことである。

では、保育者は一体、子どもの気持ちや興味・関心などをどのような方法で理解しているのだろうか。産業界でよく使われるPDCAサイクルのように、子ども理解・遊び理解→保育計画→実践→省察→…というサイクルで保育も行われている。この子ども理解・遊び理解を深める拠所となるのが、保育記録なのである。

保育記録は、「子どもの今を理解すること」「今日の反省を明日に生かすこと」「保護者や他の保育者へ情報を伝えること」に役立つ。ここでは、様々な記録形式のなかから、それぞれの目的に最も適している記録形式を紹介する。

2 ── 日々の保育を明日の保育へ生かす方法

全ての記録は保育者の子ども理解を深め、保育に生かすために記入するものであるが、ここでは特に明日の保育へ生かすための記録形式を紹介する。

ラーニング・ストーリー（Learning Story）

「ラーニング・ストーリー」とは、マーガレット・カー（M. Carr：ワイカト大学教育学部教授）が中心となって考案し、主にニュージーランドで取り入れられている保育場面の記録形式である。文章だけでなくスナップ写真や子どもの製作物なども添え、子どもたちが遊びのなかから何をどのように「学んで」いるかを連続的に記録していく。ニュージーランドの保育カリキュラム「テ・ファリキ」[※2]では、「学びの評価」が導入されている。この「学びの評価」には、保育者が子どもたちの「学び」を①**どのようにとらえ**（Describing）、②**話し合い**（Discussing）、③**記録し**（Documenting）、④**次にどうするか判断する**（Deciding）過程を大切にしている。この過程において、子どもを理解するために使用する記録形式として、このラーニング・ストーリーが用いられている（表12−1参照）。

ラーニング・ストーリーは、子どもを5つの視点で捉えて記録することが特徴である。5つの視点とは、子どもが、①何かに興味をもっている、②夢中になっている、③チャレンジしている、④気持ちを表現している、⑤自分の役割を果たしている姿である。現在の子どものありのままの姿をとらえ、次への手立てとして保育の構想につなげていく。

表12−1　ラーニング・ストーリー記録形式

タイトル		
対象児	イニシャルで記入	歳　カ月
観察日	年　月　日　曜日	天気
指導担当保育士		
子どもをみる視点	ラーニング・ストーリー	
何かに興味をもっている		
夢中になっている		
チャレンジしている		
気持ちを表現している		
自分の役割を果たしている		
振り返り	次への手立て	

出典：『子ども理解のメソドロジー』を参考に、筆者作成

※2　テ・ファリキ
第15章p.190参照

3 ── 日々の保育を保育者自身が振り返る方法

(1)「安心度」「夢中度」

『子どもの経験から振り返る保育プロセス』（通称：日本版SICS）は、ベルギーのラーバース（F. Laevers）教授によって開発され、日本の保育に則したものに改訂された。「今ここ」の子どもの経験の質を「安心度（養護の

表12-2　日本版SICS記録事例

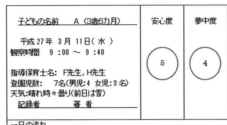

筆者作成

※3　「安心度」「夢中度」に関しては、「1.特に低い」～「5.特に高い」までの5段階で評価し、記入する。

視点)」「夢中度（教育の視点)」から記録する。表12-2に記録の一例を示す[※3]。

(2) エピソード記述

　日常、保育をしていると「わあ！　嬉しい」「あれ？　どうしてかな」など、保育者の心が動く。保育中の驚きや喜び、ときには悩みや苦しみ、誰かに聞いてほしいと思うような出来事を、文章に書き留める方法が「エピソード記述」である。ここでは、鯨岡峻の提示する「エピソード記述」の記録方法に従って、簡単に記録方法を紹介する。

　まず、心に残っている保育場面を思いおこし、文章にする。この際、他の記録と異なる大事な点は、書き手である自分のことを「保育者」ではなく、「私」と表現することである。あえて「私」と表現するのは、主観性を大切にする「エピソード記述」ならではの表現方法である。

　次に、読み手を意識して書くことにも重点をおく。その場面を全く知らない相手にも伝わるように【エピソード】だけでなく、その裏にある【背景】

も書く。また【エピソード】は、脚色をすることなくありのまま書く姿勢が大切である。この【エピソード】をもととして、その出来事を振り返り、考えたことや思いなどを幼児の姿から読み取り、【考察】として最後に書き留める。これにより、保育者は幼児理解を深め、指導の見通しにも生かすことができる。読み手に伝わりやすい「エピソード記述」を書くためには、この【背景】【エピソード】【考察】の3点を欠かすことはできない。

4 ── 日々の保育を保護者へ伝える方法

　保護者へ子どもの育ちや学びを伝える手段としては、送迎の際に口頭で伝える方法や、連絡帳に文章で記入するという方法がある。ここでは連続的に子どもの育ちを記録し、保育を可視化して伝える記録方法を紹介する。

ドキュメンテーション（Documentation）

　「ドキュメンテーション」とはイタリアのレッジョ・エミリア市で活用されている記録形式である。この記録を行う意義は、日常保育のなかの子どもたちの育ちや学びを可視化することにある。子ども一人一人の記録を文章だけでなく、写真や製作物も一緒に綴り、保護者や子ども自身がいつでも見られるようにする（写真1）。

　スウェーデンでは、2010年にカリキュラム改訂が行われ、就学前学校において教育的ドキュメンテーションを行っている。ある就学前学校の保育室に設置された棚の上段に白いファイルが並んでいる（写真2）。背表紙上部には子どもの顔写真が貼られており、ここに一人一人のドキュメンテーションが整理されている。保育室内にファイルを保管しておくことで、保育者も保護者も、そして子どもも、いつでも記録を見ることができる。

写真1　保育内容を保護者へ伝える掲示

写真2　保育室管理のファイル（左上）

保育中の写真も有効的に使用することで、保育を可視化し、幼児の学びの軌跡を保護者や他の保育者と情報共有する際にも、その理解を支えている。

第2節 ● 評価の意義と方法

1 ── 評価方法の種類と評価の視点

　保育を評価し省察を重ねる必要性があることは、改定・改訂された保育所保育指針、幼稚園教育要領、および幼保連携型認定こども園教育・保育要領のそれぞれに記載されている。これらは、保育の質を維持・向上するために重要となる。では、保育の評価方法とは一体どのように行うのだろうか。ここでは代表的な保育の評価方法を2種類紹介する。

(1) 環境評価

　環境評価とは、園舎、園庭、遊具などの物的環境や、保育者の人数や労働環境といった人的環境も含め、保育環境に対する幅広い評価方法である。環境評価を行う際の尺度に利用されることが多いのは、1980年代にアメリカで開発されたECERS（保育環境評価スケール）である。

(2) 保育プロセスの質評価

　保育プロセスの質評価とは、保育実践の過程に着目する評価方法であり、各国で開発が試みられている。2015年にイギリスで開発されたSSTEW（日本語版は『「保育プロセスの質」評価スケール』[※4]）では、保育者と子どものかかわりに注目した評価指標が用いられている。たとえば、子どもたちの言葉やコミュニケーションを支えて広げる保育者の援助として、とてもよいとされている評価尺度に、「保育者がほとんどの子ども（全体の75％以上）に1対1の関わりの中でまなざしを向けている」「子どもたちがじっくり考えて応答できるよう、長い沈黙を受け入れている。一人一人に必要な沈黙の長さが異なるということを認め、子どもたちにも示している」という項目がある。

　表12-3に、「保育プロセスの質」を評価する際に着目される項目を示す。これらの尺度を目の前の子どもの姿に照らし合わせることによって、保育を振り返る機会とすることが重要である。

※4　I.シラージ他（秋田喜代美・淀川裕美訳）『「保育プロセスの質」評価スケール』明石書店　2015年。

表12-3　「保育プロセスの質」評価項目

サブスケール	項目
信頼、自信、自立の構築	・自己制御と社会的発達 ・子どもの選択と自立した遊びの支援 ・小グループ・個別のかかわり、保育者の位置取り
社会的、情緒的な安定・安心	・社会情緒的な安定・安心
言葉、コミュニケーションを支え、広げる	・子ども同士の会話を支えること ・保護者が子どもの声を聴くこと、子どもが他者の言葉を聴くように支えること ・子どもの言葉の使用を保育者が支えること ・迅速で適切な応答
学びと批判的思考を支える	・好奇心と問題解決の支援 ・お話・本・歌・言葉遊びを通して「ともに考え、深めつづけること」 ・調べること・探求を通した「ともに考え、深めつづけること」 ・概念発達と高次の思考の支援
学び・言葉の発達を評価する	・学びと批判的思考を支え、広げるための評価の活用 ・言葉の発達に関する評価

出典：I．シラージ他（秋田喜代美・淀川裕美訳）『「保育プロセスの質」評価スケール』明石書店　2015年をもとに筆者作成

(3) 異なる視点からの評価

① 自己評価

　保育者が質の高い専門性を担保して働き続けるためには、自分で自分を評価する「自己評価」を行い、必要な知識や技術を維持および向上させる必要がある。自己評価の重要性については、たとえば保育所保育指針の「第5章　職員の資質向上」にも記載されている通りである。ただし、国で定められた評価項目というものはなく、それぞれの園で柔軟に作成できるものとなっている。したがって、ここまでに紹介したようなさまざまな評価方法や、子ども理解を振り返る方法等を利用して自己評価を行うこともできるだろう。

　表12-4に、全国保育士会編『保育士等キャリアアップ研修ハンドブック』（2017年）をもとにした、初任保育者に求められる自己評価項目の例を示す。

② 園における自己評価

　自己評価等を通じて把握した課題に対して、保育内容の改善や役割分担の見直しなどに保育所全体で取り組む必要性があることも、保育所保育指針第5章1の(2)に明記されている。

　それぞれの自己評価を組織的に振り返ることの他にも、保護者に向けて保育所利用に関するアンケート調査を実施し、その結果をホームページ等で公

表12-4　初任保育者に求められる姿（自己評価項目）

| ①「子どもの最善の利益の尊重」の理念を理解し、基礎的な保育実践ができる。
②チームによる保育のなかで自分の役割を理解し、助言を受けながら日常的業務を実施できる。
③安心・安全な保育を意識できる。
④家庭から子どもに関する日々の情報を収集するとともに、日々の保育内容等を保護者に的確に伝えられる。
⑤保護者の話を聴き、適切な対応を行うことができる。
⑥保育者自身が自己の能力を発揮し、自己実現できる。 |
|---|

注：初任保育者とは、入職3年目までの保育士、幼稚園教諭、保育教諭を示す。
出典：全国保育士会編『保育士等キャリアアップ研修ハンドブック』全国社会福祉協議会　2017年をもとに筆者作成

表12-5　第三者評価における評価項目例

カテゴリー	評価項目
理念・基本方針	・理念、基本方針が明文化され周知が図られている。
経営状況の把握	・事業経営をとりまく環境と経営状況が的確に把握・分析されている。 ・経営課題を明確にし、具体的な取り組みを進めている。
事業計画の策定	・事業計画の策定と実施状況の把握や評価・見直しが組織的に行われ、職員が理解している。 ・事業計画は、保護者等に周知され、理解を促している。

出典：全国社会福祉協議会「第三者評価共通評価基準ガイドライン（保育所解説版）」より抜粋

表するなどの園による自己評価の方法もある。

③ 第三者評価

　社会福祉法第78条において、保育所等の社会福祉事業は、「福祉サービスの質の向上のための措置等」として、外部機関などの第三者が福祉サービスの質の評価が行われるよう、努めなければならないと規定されている。ここでいう第三者とは、組織運営管理業務を3年以上経験しているか、福祉・医療・保健分野の資格取得者及び有識者かつ当該業務を3年以上経験している者であり、評価調査者養成研修を受講している者である。また、第三者評価は2名以上で行われる。ここでは一例として、全国社会福祉協議会が使用している第三者評価項目の一部を表12-5に示す。

2 ── 要録の例

　表12-6は保育所で使用される「保育所児童保育要録」の様式例である。要録とは、外部に対する証明の原簿ともなる記録で、幼児の氏名・性別・生

第12章 保育の記録と評価

表12-6 保育所児童保育要録：様式の参考例

保育所児童保育要録（入所に関する記録）

	ふりがな 氏　名			性別	
児童	現住所	年　月　日生			
保護者	ふりがな 氏　名				
	現住所				
入所	年　月　日	卒所	年　月　日		
就学先					
保育所名 及び所在地					
施設長 氏名					
担当保育士 氏名					

保育所児童保育要録（保育に関する記録）

本資料は、就学に際して保育所と小学校（義務教育学校及び特別支援学校の小学部を含む）が子どもに関する情報を共有し、子どもの育ちを支えるための資料である。

ふりがな 氏名		保育の過程と子どもの育ちに関する事項 （最終年度の重点） （個人の重点）	最終年度に至るまでの育ちに関する事項
生年月日	年　月　日		
性別			

	ねらい （発達を捉える視点）	保育の展開と子どもの育ち	
健康	明るく伸び伸びと行動し、充実感を味わう。 自分の体を十分に動かし、進んで運動しようとする。 健康、安全な生活に必要な習慣や態度を身に付け、見通しをもって行動する。		幼児期の終わりまでに育ってほしい姿 各項目の内容については、別紙に示す「幼児期の終わりまでに育ってほしい姿」を参照すること。 健康な心と体 自立心 協同性 道徳性・規範意識の芽生え 社会生活との関わり 思考力の芽生え 自然との関わり・生命尊重 数量や図形、標識や文字などへの関心・感覚 言葉による伝え合い 豊かな感性と表現
人間関係	保育所の生活を楽しみ、自分の力で行動することの充実感を味わう。 身近な人と親しみ、関わりを深め、工夫したり、協力したりして一緒に活動する楽しさを味わい、愛情や信頼感をもつ。 社会生活における望ましい習慣や態度を身に付ける。		
環境	身近な環境に親しみ、自然と触れ合う中で様々な事象に興味や関心をもつ。 身近な環境に自分から関わり、発見を楽しんだり、考えたりし、それを生活に取り入れようとする。 身近な事象を見たり、考えたり、扱ったりする中で、物の性質や数量、文字などに対する感覚を豊かにする。		
言葉	自分の気持ちを言葉で表現する楽しさを味わう。 人の言葉や話などをよく聞き、自分の経験したことや考えたことを話し、伝え合う喜びを味わう。 日常生活に必要な言葉が分かるようになるとともに、絵本や物語などに親しみ、言葉に対する感覚を豊かにし、保育士等や友達と心を通わせる。		
表現	いろいろなものの美しさなどに対する豊かな感性をもつ。 感じたことや考えたことを自分なりに表現して楽しむ。 生活の中でイメージを豊かにし、様々な表現を楽しむ。		（特に配慮すべき事項）

保育における保育は、養護及び教育を一体的に行うことをその特性とするものであり、保育所における保育全体を通して、養護に関するねらい及び内容を踏まえた保育が展開されることを念頭に置き、次の各事項を記入すること。

○保育の過程と子どもの育ちに関する事項
＊最終年度の重点：年間の指導の重点として設定したものを記入すること。
＊個人の重点：1年間を振り返って、全体的な計画に基づき長期の見通しとして設定したものをその特性とするものであり、別紙に示す「幼児期の終わりまでに育ってほしい姿」を念頭に置いて、次の各事項を記入すること。
＊保育の展開と子どもの育ち：最終年度の1年間の保育における指導の過程と子どもの発達の姿（保育所保育指針第2章「保育の内容」に示された各領域のねらいを視点として、子どもの発達の実情から向上が著しいと思われるもの。なお、特に領域別に記載する必要はなく、子どもに育まれている資質・能力を捉え、指導の過程と育ちつつある姿を分かりやすく記入するように留意すること。あわせて、就学後の指導に必要と考えられる配慮事項等についても記入すること。）、就学後の指導に資する観点から、就学にあたって育まれている資質・能力を捉え、指導の過程と育ちつつある姿を記入すること。

＊特に配慮すべき事項：子どもの健康の状況等、就学後の指導において配慮が必要なこととして、特記すべき事項がある場合に記入すること。

○最終年度に至るまでの育ちに関する事項
子どもの入所時から最終年度に至るまでの育ちに関し、最終年度における保育の過程と子どもの育ちを理解する上で、特に重要と考えられることを記入すること。

出典：厚生労働省「保育所児童保育要録に記載する事項」別紙資料1「様式の参考例」より一部抜粋
http://www.mhlw.go.jp/file/06-Seisakujouhou-11900000-Koyoukintoujidoukateikyoku/0000202912.pdf

年月日をはじめ、保護者の氏名・住所、入園年月日や転園や修了の記録が記載されている。加えて、指導や保育に関する記録として、養護と教育の視点から子どもの育ちにかかわる内容、健康の記録や出欠状況等を記録する様式である。この要録は進学する小学校へ送付することになっており、小学校での指導に活用できるよう、わかりやすく記載する必要がある。記録する際には、保育所保育指針に示す保育の内容に係る「5つの領域のねらい」と「幼児期の終わりまでに育ってほしい姿」を意識し、要録の目的を踏まえて子どもの育ちの姿を記載することが重要であるとされている。

なお、幼稚園では「幼稚園幼児指導要録」、幼保連携型認定こども園では「幼保連携型認定こども園園児指導要録」を記載する。

●「第12章」学びの確認
①保育の記録の種類についてまとめてみよう。
②保育の評価の種類についてまとめてみよう。
●発展的な学びへ
①保育の評価項目にはどんなものがあるかを調べてみよう。
②保育現場等、子どもの活動を記録した映像を見て、実際に保育の記録を書いてみよう。

参考文献

北野幸子「人材育成のための保育のキーワード解説」『保育ナビ』フレーベル館　2017年
鯨岡峻『エピソード記述入門―実践と質的研究のために―』東京大学出版会　2005年
文部科学省『幼稚園教育指導資料第3集　幼児理解と評価』ぎょうせい　2010年
文部科学省『幼稚園教育指導資料第5集　指導と評価に生かす記録』チャイルド本社　2013年
中坪史典『子ども理解のメソドロジー―実践者のための「質的実践研究」アイディアブック―』ナカニシヤ出版　2012年
白石淑江『スウェーデンに学ぶドキュメンテーションの活用―子どもから出発する保育実践―』新評論　2018年
全国社会福祉協議会ウェブサイト「福祉サービス第三者評価事業」
　http://shakyo-hyouka.net/
全国保育士会編『保育士等キャリアアップ研修ハンドブック』全国社会福祉協議会　2017年

●○● コラム ●○●

保育者の専門性

　保育実習・教育実習（幼稚園）を終えた学生に、実習の感想をたずねると、「先生たちがすごくよかった」「いい園だった」と話してくれることがあります。でも、ちょっと待って！　その評価、実は「先生たちが（私に優しくて）すごくよかった」「（私にとって都合の）いい園だった」という私基準の主観的評価に基づく感想になっていないでしょうか？

　園や保育の評価は、いつも子どもからの視点で行われるべきでしょう。「先生たちが（子ども理解に尽力し、学びに向かう意欲を育んでいて）すごくよかった」「（園内環境が子どもの遊びを展開するのに十分な配慮がなされており）いい園だった」という意味の評価的な返答であることを切に願います。

　保育者は医師や弁護士といった他の専門職と異なり、その専門性や質の可視化が難しい職業です。筆者自身、教育大学に通っていた学生時代、同じ教育学部の数学科に通う同級生に「幼児教育科はどんな勉強をしているの？　保育者って子どもと遊んでいるだけじゃないの？」とたずねられたことがあります。幼児教育を専門としない他学科の学生には、保育者の職務や専門性はこんなにも理解できないものなんだ！　ということを知りました。その時の衝撃は今でも鮮明に覚えています。

　さあ、同じく保育者を志す皆さんなら、今、この質問にどう答えますか？　どんな論理で、保育者の専門性を伝えますか？

第13章　家庭や地域との連携

◆キーポイント◆

子どもの生活は、家庭を基盤として地域社会に広がっていくもので、園における生活は、家庭や地域と連続性をもって展開されるようにすることが大切である。その際、地域にはさまざまな人々が暮らしていて、地域ならではの自然、人材、歴史や文化、公共施設などがあることから、それらを保育の場で積極的に活用し、子どもの生活がより豊かになるように工夫することが必要である。

園では、さまざまな機会を通して家庭や地域から情報を得たり発信したりして連携を図り、保護者や地域の人々が子どもの幸せを願い、園での教育・保育に関心をもち、発達の道筋の理解が深まるよう働きかけていくことが求められている。

この章では、子どもの健やかな成長を願い、家庭や地域に目を向け、園での生活のなかにその影響をよりよく反映させるよう、保育者として何をすることが必要か、いくつかの視点をもって学んでほしい。

第1節　家庭との連携

1　一人一人の発達の共通理解

子どもは幼稚園や保育所、認定こども園等（以下、「園」と総称）に入園して初めて保護者から離れ、自立した生活を歩み始める。どの子もはじめから身の回りのことを自分で行えるわけではなく、信頼できる保育者への「依存」と自分で行おうとする「自立」とを繰り返しつつ、そのバランスのなかで次第に自信をもち、生活する力を得ていく。

その過程では、子どもへの過度な要求は避け、必要のない競争心を抱かないようにすることが大切である。一人一人の発達の速度、さまざまなスキルの習得には個性があることを認識し、他の子と比べたり、焦ったりしないよう心掛けたい。そして、一人一人の得手・不得手なことを把握して、ふさわしい方法で生活習慣等の自立を促していくようにする。

子どもは、家庭と園でみせる様子が異なることがある。特に入園や進級間もないときには、言葉や表情だけでは読み取れないストレスを感じているこ

とがある。保育者への信頼を十分に感じて生活できるようになるまでは、園と保護者が細やかな情報を共有できるようにして、子どもが安心した気持ちで生活できるよう配慮することが必要である。さらに、乳幼児期は周りにいるおとなの感情や生活態度が大きく影響することを自覚し、できる限り子どもを中心にした生活の展開ができるよう、保護者にも努力と協力を仰ぐ。

　情報発信や情報交換は、保護者会などの場を活用するだけでなく、降園時や連絡帳、写真やイラストなどを交えたドキュメンテーション※1、ホームページ、園（学年・学級）だより等、さまざまな方法を活用して、日々の生活の様子や成長の姿を保護者に伝えていくことが大切である。

※1　ドキュメンテーション
第12章参照。

2 ── 食育の推進

　食育は、健康な生活の基本としての「食を営む力」の育成に向け、その基礎を培うことを目標としている。園によって提供される食事は、弁当であったり給食であったりするが、いずれの場合も、子どもが生活と遊びのなかで、意欲をもって食にかかわる体験を積み重ね、食事を楽しみ合うように成長することを期待している。園では、乳幼児期にふさわしい食生活が展開され、適切な援助が行われるよう、食育の計画を全体的な計画に基づいて作成し、その評価及び改善に努めることが求められている。偏食、体調不良、食物アレルギー、障害のある子どもなど、一人一人の心身の状態を把握し、嘱託医、かかりつけ医等の指示や協力の下に適切に対応することは、とても重要な配慮事項である。

　また、ある園では、野菜を育てたり、地域へ食材を買いに出かけたりすることがある。これは、子どもが自らの感覚や体験を通して、自然の恵みとしての食材や食の循環、環境への意識、調理する人への感謝の気持ちが育つように願って計画されていることである。保護者や地域の多様な関係者との連携および協働の下で、食に関する取り組みが進められることは、子どもの食を営む力に大きく影響していく。

夏野菜の収穫

事例1　「おいしい！　ぼく、ピーマン大好き！」〜育てた野菜を食べる〜

　野菜嫌いのエイタは、なかなか偏食が克服できない。エイタの保護者と話し合って、園と家庭で、夏野菜を育ててみることにした。園ではピーマンとナス、キュウリ、家庭ではミニトマトを育てた。エイタが興味をもってかかわることができるよう、園では成長する様子を写真に写して掲示し、ホームページでも発信して、家庭でも野菜の成長の様子を話題にできるようにした。

　7月に入り、そろそろ収穫ができる頃になると、エイタはうれしそうに水やりをしながら、野菜を撫でるようになった。「大きくなったね、そろそろ、食べられるかな？」と保育者が声をかけると、「うん！　採っていい？」と目を輝かせた。

　クラスで話し合って、収穫したものは、塩ゆでをして、昼食時に食べることにした。保育者はエイタが口に入れた瞬間に、どのような表情になるか不安だったが、エイタは「おいしい！　ぼくピーマン大好き！」と、誇らしそうに周りの子に話した。育てることで、野菜への愛情がおいしさにつながったようだ。

　この様子を保護者に伝えたところ、その日は家族全員でエイタの成長を喜び合ったらしい。そして、「お家で育てているトマトはどうやって食べるの？」と、エイタに聞くと、「5個（家族全員の人数分の実が）赤くなったら、みんなで食べる」と答えた。

　苦手な食べ物を克服し、家族との食事を楽しむことができる。野菜を育てたことで、食に関するエイタの自信や成長を感じることができた。

3 ── 園行事やPTA活動への参加

　保護者に園での様子を知ってもらい、理解を得るために、行事やPTAが参加・企画する事業、たとえば、「学級懇談会」「個人懇談会」「保育参加」「親子遊びの会」などの開催が考えられる。このような機会を通して、保護者は、園生活そのものを体験し、感動し、子どもの成長を喜び、発達の違いを理解していく。そして、子どもの気持ちや言動の意味に気付いたり、発達の姿を見通したりするようにもなっていく。

　また、初めて子育てをする人や、転勤・転居などで今まで慣れ親しんだ地域を離れて、不安や孤立感を感じている保護者もいる。それぞれの抱えている課題や悩みを受

カレー会食のお手伝い

け止め、相談に応じたり、つながりをつくるきっかけとなる場を提供したりする役割を、園が果たすことも求められている。園行事等で体験を共有すると、仲間意識を感じ、新たなつながりも生まれてくる。

行事や保育参加の実施終了後には、話し合いやアンケートなどによって意見や感想を述べる機会を設けると、保護者の要望や、声に出しにくい悩み事などを知ることができたり、普段気づかない疑問に答えることができたりする。このような実践を重ねることで、保護者の園に対する信頼が深まり、連携しやすくなって、子どもは、より安定した豊かな生活を送ることができるようになっていく。

休日の保育参加

ただし、保護者の行事への参加や園への協力等については、それぞれの生活の状況、就労の状況なども踏まえ、無理のないように計画することが大切である。たとえば、平日の保育参加などの行事では参加日程に幅をもたせたり、全員同じ日に都合をつけて参加してほしい運動会や生活発表会などの行事は、早い段階で日程を知らせておくなど、保護者の都合がつきやすいよう配慮する。

このように、連携に向けて、さまざまな活動が円滑に進むために、園は普段から分かりやすく情報を知らせるようにし、さまざまな協力の仕方や、協働の在り方を、保護者が選択できるように示すことが大切である。そして保護者が大きな負担を感じることなく、積極性を発揮して、園と連携・協働する意識をもつことができるよう心掛ける。

 事例2　「ゴミを捨てないでね」〜小さなお掃除隊〜（PTA協力の園行事）

「小さなお掃除隊の皆さん、明日は、お家を出てから園に着くまでの道に落ちているゴミを拾ってきてください」。

この日、子どもたちは「小さなお掃除隊」という文字が染められた黄色いたすきをかけ、ビニール袋を手にして登園する。「園に着くまでの道に落ちている空き缶やゴミを集めてくる」というPTA協力の清掃活動が、園行事として定着している。「ありがとう、きれいになっ

たね」と、迎える先生や担当の保護者たちと、子どもたちは拾ってきたものを分別する。プラスチック、燃えるゴミ、燃えないゴミ、空き缶等、一つ一つ考えながら分別して、空っぽになったビニール袋を、最後にプラスチックゴミの分別袋に入れてほっとした表情になる。そして述べられた子どもの感想、「どうして、タバコのゴミを道路に捨てるのかな？」。

　この日以降、登園時にタバコの吸い殻が捨ててあるのが目につくようになった子どもたちは、その量の多いことに驚いていた。園のすぐ脇の道にも、昨日拾ったのにまた捨ててあり、憤慨する子もいる。その子は保育室に行って、「ごみをすてないでね」と牛乳パック材の立て札をつくり、「これ、立てておく」と、園外の花壇に掲示する姿もみられた。

　世のおとなの意識の低さに申し訳なさを感じながらも、子どもたちの環境美化への意識を、心にしっかりと刻む手ごたえを感じた。

第2節 ● 地域・小学校との連携

1 ── 地域の人材・行事・施設等の活用

　近年、子どもたちはどの世代・年齢層にかかわらず、地域に出かけることが少なくなっている。しかし、情報はあふれているなかで生活しており、間接的な体験が増えているという問題が指摘されている。特に自然との触れ合いや、幅広い世代との触れ合いの機会が減っており、園では、地域の人々との交流を意識して、カリキュラムに位置づけていくことが必要である。

　それぞれの地域には、自然環境・歴史や文化施設・図書館等公共施設など、教育・保育に活用できるものがある。祭りや伝統行事などに参加することで、子どもたちは地域への愛着が増し、さらに地域の人々が園へ寄せる期待も大きくなって、愛情あふれた眼差しを向けてもらう機会にもなっていく。行事や地域性をよく理解し、地域の人の協力に感謝しながら、園行事や保育に位置づけることは、子どもにとっても地域にとっても互恵性のある内容となることが多い。このような体験を意図的に取り入れ、子どもが地域を大切に思い、好きになるようにすることが大切である。

2 ── 地域の子どもの健全な育成

　次世代育成支援の観点から、中学校や高等学校が実施する触れ合い事業や交流活動に園が協力する場合がある。地域の子育て力の向上につながるように、乳幼児、小中高校生、青年、そして高齢者を含む多様な年齢層を視野に入れ、世代間の交流を図りながら、子育ての知識、技術を伝え合うなど、人と人との緩やかなつながりを大切にしていくことが望まれる。そして、地域の人がもっているさまざまな力を引き出し、発揮されるよう後押しすることや、地域に存在するさまざまな人を結び付けていくといったことなども園に期待されている。このような活動を展開していくなかで、人とのかかわりを通して、地域社会の活性化に寄与していくことが求められる。

　また、入園前の子育て家庭の保護者等に対する支援についても、園の果たす役割は大きい。「遊びの会」などを企画して子どもと遊ぶ楽しさを分かち合い、子育てに関する知恵や知識を交換し、子育ての文化や子どもを大切にする価値観をともに紡ぎ出していくことも、園の大切な役割である。また、このような機会を通して、地域の子どもや子育て家庭を巡る諸問題の発生を、早期に予防し、その解決に寄与することもできる。

3 ── 小学校との連携・交流

　子どもは、小学校入学と同時に突然違った存在になるのではない。子どもの発達や学びは連続していることから、園から小学校への円滑な接続のため、指導計画において配慮することが大切である。

　具体的な活動として、幼児と児童の交流、小学校の教師との意見交換、合同の研究会や研修会、参観、事例を持ち寄り話し合うことなどが考えられる。たとえば、幼児と児童が交流することによって、幼児は、児童に憧れの気持ちをもち、小学校生活に期待を寄せることができる。実際に交流を行うなかで、幼児は自分の近い未来を見通すことができるようになるし、小学校の校舎や校庭、学校生活の流れの一端を知るよい機会になり、小学校生活に安心感と期待感をもつことにつながる。児童は、年下の幼児と接することで、自分の成長に気づき、

小学校との交流活動

思いやりの心を育むことができる。このように意義のある活動にするには、

相互のねらいや方法などを踏まえ、継続的・計画的に取り組むことが大切である。そのため、年間計画を作成したり、事前の打合せをしたり、交流活動後に互いの意見や情報を十分に交換したりするなど、相互の連携を図りながら取り組むことが大切である。

4 —— 要録の活用

　本書の第12章でも学んだように、就学予定児について幼稚園では幼稚園幼児指導要録、幼保連携型認定こども園においては幼保連携型認定こども園園児指導要録を作成し、これを該当の小学校へ送付しなければならないことが定められている。また、保育所においても小学校との連携を確保するという観点から保育所児童保育要録を、認定こども園においては認定こども園こども要録を作成することとされており、このような関係法令も踏まえ、幼児期の教育から小学校教育へと円滑な接続を図る必要がある。

　これらの要録や資料は、日ごろの幼児の成長や課題を記録した資料をもとにして、特徴的な事項の要点をとらえてわかりやすく記載し、個々の幼児の指導上参考となるものにすることが望ましい。

5 —— 障害や発達上の課題のある子どもの保護者支援

　子どもに障害や発達上の課題がみられる場合、その保護者に対しては、十分な配慮の下に個別の支援を行うことが必要である。園では、保護者はもちろんのこと、かかりつけ医や関係機関との連携を密にし、必要に応じて障害児支援の専門機関からの助言を受けるなど、適切な対応を図る必要がある。また、他の園児や保護者に対しても、障害に対する正しい知識や認識をもつことができるように働きかける必要もある。就学にむけては、園での指導のあり方、現状と課題等を簡潔に示した「就学サポートシート」などを作成し、小学校と連携を図っていくことも大切である。

第3節 ● 長時間保育・一時預かり事業など

　各園では保護者のニーズに応じた支援をするため、延長保育、病児保育、一時預かり事業（以下、預かり保育と記す）などが実施されている。これらの保育については、子どもの発達の状況、健康状態、生活習慣、生活のリズム及び情緒の安定を配慮して実施する必要がある。通常とは異なる環境や集団のなかで生活するので、子どもが安定して豊かな時間を過ごすことができるように工夫することが大切である。

　たとえば幼稚園における教育時間が終了した後、家庭で過ごす子どもは、おやつを食べたり、午睡をしたりなど、マイペースでゆったりと過ごすこともあるし、ときには、近隣で他の子どもと遊んだり、地域の行事に参加したりするなどの多様な生活を過ごしている。長時間を園で過ごす子どもへの保育内容としては、このようなことも踏まえて保育内容を計画することも大切である。

　さらに、保護者との情報交換などを通じて、活動の趣旨や、家庭における教育の重要性についての理解を十分に図り、保護者が、ともに園児を育てるという意識が高まるようにすることも大切である。

　たとえば、保護者が参加する機会を休日に企画したり、無理のない程度で保護者にあらかじめ休暇等を取得できるよう働きかけたりして、園での活動の様子を知ってもらうようにする。このような機会を通して、行事だけでなく日常の園生活にも目を向けてもらえるようにして、担当の保育者の子どもへの多様なかかわり方について理解を深める機会を設け、家庭での教育の充実につながっていくようにすることも大切である。

●「第13章」学びの確認
①家庭との連携について、どのようなことが大切か考えよう。
②園と保護者が連携するには具体的にどのようなことが必要か考えよう。
③地域のもつ力を保育に活かすにはどのようにするとよいか考えよう。
●発展的な学びへ
①近隣の園、各地域において、実際に工夫されている具体的な事業や企画について調べてみよう。
②保護者あるいは地域との連携を深めるために、自分はこのような企画をしたいと思う内容について、計画を立ててみよう。

●○● コラム ●○●

園と家庭が子どもを真ん中にして手を携える

　園と家庭は車の両輪である。子どもを中心にして、幸せに生きるための最善の方法を探し、話し合い、手を携えて、その子にとって最もふさわしい生活を保障したい。子どもは、発育の様子も、育ってきた環境も、暮らしている条件も一人一人異なるが、園では同じように過ごしていく。そのなかでは、さまざまな状況に出会い、発見し、目を輝かせて生活するのが望ましい。ときには葛藤し、挫折することもあるが、温かい励ましと、そのことを丸ごと受け止めて一緒に乗り越えようとしてくれる保育者や保護者の励ましに支えられ、より明るい未来に向かって生きる力を育むことができる。

　社会の誰もが、子どもの健やかな育ちを願い、今しかできない子育ての大切さをわかりあい、ともに考え、丁寧な歩みを進めていってほしい。

第14章 保育内容の変遷について

◆キーポイント◆

本章では、明治期を起点とする幼児教育の保育内容の変遷について、戦前から戦後までを概観する。

保育内容の変遷を学ぶにあたっては、第一に、保育制度が戦前から戦後を通じてどのような歴史的変化を遂げてきたのかをとらえなければならない。

第二に、保育内容の基本原理と枠組み、幼稚園と保育所の共通性や相違点などを理解するとともに、幼稚園・保育所それぞれの独自性にも目を向けなければならない。

第三に、これまで積み重ねられてきた保育内容の歴史を振り返り、見出される問題点や課題を明らかにすることも大切であろう。

以上を踏まえて、本章では保育内容の変遷の理解を基盤に、現在の保育内容の多様性を把握し、これからの保育内容に求められる方向性をとらえることを目的とする。

第1節 ● 戦前の保育内容

1 ── 明治期における幼稚園および託児所の保育内容

(1) 東京女子師範学校附属幼稚園[※1]の保育内容

1876（明治9）年11月、日本で最初の幼稚園が東京女子師範学校の附属幼稚園として設立された。ここにわが国の近代保育の出発点がある。この幼稚園では、フレーベル主義[※2]に基づいた西欧的な幼稚園教育を導入するとともに集団保育や幼児の自己活動が重視された。なお、東京女子師範学校附属幼稚園は、その後の幼稚園教育の原型となったことから、その保育内容についても1つのモデルとしてとらえる必要がある。

1877（同10）年には同園の規則が制定され、その第1条では「幼稚園開設ノ趣旨ハ学齢未満ノ小児ヲシテ天賦ノ知覚ヲ開達シ固有ノ心思ヲ啓発シ身体ノ健全ヲ滋補シ交際ノ情誼ヲ暁知シ善良ノ言行ヲ慣熟セシムルニ在リ」として、幼稚園教育に対しての趣旨や目的などを掲げた。また、保育内容としては次に示すような3つの科目と25の子目を示した。

※1 東京女子師範学校
日本で最初の幼稚園を開設した東京女子師範学校は、1875（明治8）年11月に創設され明治期における女性教員の養成に大きく貢献した。1908（同41）年には東京女子高等師範学校に改称している。

※2 フレーベル主義
フレーベルによって考案された遊具である「恩物」を使って行われる保育に対して用いられる言葉。

【3科目：第一　物品科、第二　美麗科、第三　知識科】
⇒「物品科」では、子どもの日常生活と密接にかかわる物の名称、形、性質などを教え、「美麗科」では、さまざまな活動を通じて美的情操の育成に取り組んだ。また、「知識科」では、園での諸活動から知識を与えることをねらいとした。
【25子目】
⇒五彩球ノ遊ビ、三形物ノ理解、貝ノ遊ビ、鎖ノ連接、形体ノ積ミ方、形体ノ置キ方、木箸ノ置キ方、環ノ置キ方、剪紙、剪紙貼付、針画、縫画、石盤図画、織紙、畳紙、木箸細工、粘土細工、木片ノ組ミ方、紙片ノ組ミ方、計数、博物理解、唱歌、説話、体操、遊戯

表14-1　保育時間表の例
第一ノ組　小児満五年以上六年以下

	三十分	三十分	四十五分	四十五分	一時半
月	室内会集	博物修身等ノ話	形体置キ方（第七箱ヨリ第九箱ニ至ル）	図画及ヒ紙片組ミ方	遊戯
火	同	計数（一ヨリ百ニ至ル）	形体積ミ方（第五箱）及ヒ小話	針画	同
水	同	木箸細工（木箸ヲ折リテ四分ノ一以下分数ノ理ヲ知ラシメ或ハ文字及ヒ数字ヲ作ル）	剪紙及ヒ同貼付	歴史上ノ話	同
木	同	唱歌	形体置キ方（第九箱ヨリ第十一箱ニ至ル）	畳紙	同
金	同	木箸細工（豆ヲ用ヒテ六面形及ヒ日用器物ノ形体ヲ模造ス）	形体積ミ方（第五箱ヨリ第六箱ニ至ル）	織紙	同
土	同	木片組ミ方及ヒ粘土細工	環置キ方	縫画	同

資料　明治10年東京女子師範学校附属幼稚園規則所収

※3　「教育令」
「学制」の問題点を踏まえて改正された教育法令。「教育令」では、就学に関する内容を緩和するとともに地方分権的な内容も盛り込んだ。「自由教育令」ともいう。

※4　「学制」
近代学校教育制度に関するわが国最初の法令。全国を8つの大学区に分け、1大学区を32中学区、1中学区を210小学区に分けることを定めた。なお、学校数は8大学校、256中学校、53,760小学校が構想された。

　1879（明治12）年に制定された「教育令」※3では、「学令以下ノ幼児ヲ保育センガ為ニ幼稚園ヲ設クルコトアルベシ」（第六十六条）とし、1872（明治5）年制定の「学制」※4において用いられた「幼稚小学」にかわって「幼稚園」の名称が使われたのである。

　こうして、1879（明治12）年以降、大阪府立模範幼稚園、鹿児島女子師範学校附属幼稚園、仙台木町通小学校附属幼稚園、愛珠幼稚園（大阪）などの幼稚園が設立されたが、これらの幼稚園は、東京女子師範学校の附属幼稚園をモデルとして開設された、という点で共通しているところがある。

(2)　「幼稚園保育及設備規程」における保育内容

　小学校制度の整備が進むにつれて、幼稚園の開設に向けた動きが各地にお

いてしだいに高まりをみせるようになった。表14－2によると、明治20年代のはじめには幼稚園の設置数が100を超えたが、保育内容に関する全国的な基準が整備されていない状況にあったため、幼稚園として独立した基準の整備が強く要請されるようになっていった。

このような理由を背景として、1899年（明治32年）には幼稚園における保育の目的、内容、編制などを定めたはじめての全国的基準である「幼稚園保育及設備規程」が制定された。

表14－2　幼稚園設置数：1889（明治22）年

	官公立	私立		官公立	私立
文部省	1	0	三重県	0	1
東京府	12	14	滋賀県	1	0
埼玉県	5	1	福井県	1	0
茨城県	1	1	石川県	3	0
群馬県	4	0	島根県	4	0
栃木県	1	0	岡山県	2	0
静岡県	2	0	広島県	3	2
山梨県	1	0	山口県	11	1
北海道庁	1	2	愛媛県	1	0
宮城県	1	0	高知県	9	0
福島県	1	0	長崎県	3	0
岩手県	0	1	福岡県	1	0
京都府	4	0	熊本県	3	0
大阪府	8	0	鹿児島県	1	0
兵庫県	0	3	合計	86	26
奈良県	1	0			

資料　『文部省年報』明治22年官公私立幼稚園一覧表により作成

同規程の第5条においては、「幼児ヲ保育スルニハ其心身ヲシテ健全ナル発育ヲ遂ケ善良ナル習慣ヲ得シメ以テ家庭教育ヲ補ハンコトヲ要ス」という保育の目的を定め、その後に引き継がれる保育の基本的方向性を明示した。

保育内容については、その第6条で「幼児保育ノ項目ハ遊嬉、唱歌、談話及手技トシ左ノ諸項ニ依ルヘシ」と定め、幼稚園の保育内容を4項目としたのである。

なお、保育内容の項目として示された遊嬉、唱歌、談話、手技は次のような内容となっている。

一　遊嬉
　遊嬉ハ随意遊嬉、共同遊嬉ノ二トシ随意遊嬉ハ幼児ヲシテ各自ニ運動セシメ共同遊嬉ハ歌曲ニ合ヘル諸種ノ運動等ヲナサシメ心情ヲ快活ニシ身体ヲ健全ナラシム
二　唱歌
　唱歌ハ平易ナル歌曲ヲ歌ハシメ聴器、発声器及呼吸器ヲ練習シテ其発育ヲ助ケ心情ヲ快活純美ナラシメ徳性涵養ノ資トス
三　談話
　談話ハ有益ニシテ興味アル事実及寓言、通常ノ天然物及人工物等ニ就キテ之ヲナシ徳性ヲ涵養シ観察注意ノ力ヲ養ヒ兼テ発音ヲ正シクシ言語ヲ練習セシム
四　手技
　手技ハ幼稚園恩物ヲ用ヒ手及眼ヲ練習シ心意発育ノ資トス

第一項目の遊嬉は「随意遊嬉」と「共同遊嬉」に分け、それぞれの特質を生かして行うこととした。第二項目の唱歌は、聴器、発声器、呼吸器の練習

を子どもの発育に配慮し、しかも平易な歌を通じて取り組むという視点を示した。第三項目の談話は、有益かつ興味がわく題材に基づいて徳性や観察力などを養うとともに、正しい発音や言語の習得をめざした。第四項目の手技では、恩物による練習を通じての心意発育を掲げた。

こうして、「幼稚園保育及設備規程」の制定により、それまで行われてきた恩物中心の保育が見直されることとなった。

(3) 託児所の誕生とその保育内容

幼稚園が徐々に広がりをみせる一方で、共働き等の理由により子どもを幼稚園に通わせることのできない家庭の存在が、保育の場の問題として注目を集めるようになってきた。

明治のなかごろになると、幼稚園はすでに上層階級の家庭の子どもが通う保育施設として認知されるようになっていたが、一般庶民が利用できる保育施設はほとんどなかった。

しかし託児施設設置の社会的要請が高まるなか、明治23年以降少しずつ具体的な動きがみられるようになる。表14-3に示すのが、明治期における主な託児施設の状況である。

明治期のさまざまな託児施設に共通していえることは、子どもの生活実態に配慮した保育内容が追求されたという点である。これは、「幼稚園保育及設備規程」を中心に保育内容を構成した二葉幼稚園も例外ではなかった。

表14-3　明治期における託児施設の展開

年	名　称	備　考
1890（明治23）年	新潟静修学校付設託児所	赤沢鍾美、仲夫妻が創設した新潟静修学校（私塾（後の守孤扶独幼稚児保護会））内につくられた託児室。
	農繁期託児所	鳥取県において筧雄平が季節託児所として設置。
1892（明治25）年	東京女子高等師範学校附属幼稚園分室	簡易幼稚園として開設された東京女子高等師範学校附属幼稚園分室の保育内容は、附属幼稚園の保育内容に準ずるものであった。
1894（明治27）年	東京紡績株式会社付設託児所	最初の株式会社付設託児所とされる。
1900（明治33）年	二葉幼稚園	野口幽香・森島峰らによって創設された（後に二葉保育園となる）。保育内容は、「幼稚園保育及設備規程」を中心に構成された。

なお、1882（明治15）年には、文部省が家庭の事情等により幼稚園に通えない家庭の子どもを対象とした簡易幼稚園の必要性を打ち出したが、この簡易幼稚園の考え方が託児所誕生の源流にあるという見方もある。

2 ── 大正期における幼稚園および託児所の保育内容

(1)「幼稚園令」にみる保育内容

1926（大正15）年4月には、幼稚園に関するわが国最初の単独法令（勅令）[※5]である「幼稚園令」が制定された。文政審議会の答申を受けて制定された「幼稚園令」では、幼稚園の目的を「幼児ヲ保育シテ其ノ心身ヲ健全ニ発達セシメ善良ナル性情ヲ涵養シ家庭教育ヲ補フ」とした。

保育内容に目を向けてみると、従来の「遊嬉、唱歌、談話、手技」から、「遊戯、唱歌、観察、談話、手技等」に変更されたが、これにより保育内容の組み立てにおいて自由裁量の部分が増すこととなった。

こうして、単独法令である「幼稚園令」の公布により、幼稚園の保育と小学校の教育の質的違いを明確にしたことで、幼稚園独自の保育の構築と展開が期待されたのである。これに加えて、幼稚園令では託児所的役割を幼稚園にもたせるため次のような規定を盛り込んだ。

> 第6条　幼稚園ニ入園スルコトヲ得ルモノハ三歳ヨリ尋常小学校就学ノ始期ニ達スル迄ノ幼児トス但シ特別ノ事情アル場合ニ於テハ文部大臣ノ定ムル所ニ依リ三歳未満ノ幼児ヲ入園セシムルコトヲ得

幼稚園の目的に示された「家庭教育ヲ補フ」という趣旨を確固たるものにするための方針として、この規定は注目されたが、実現には至らなかった。

※5　勅令
帝国議会の審議を経ずに、天皇によって制定される命令。大日本帝国憲法（明治憲法）下における法形式。

(2) 大正期における託児所の展開

内務省は、1908（明治41）年に第1回感化救済事業講習会を開催し、国民の感化や救済に向けた事業の建設に着手した。

この時代一般家庭では、日々の家事を手伝ったり、子守りをすることが家庭生活における子どもの役割となっていた。

大正期に入ると安価な賃金で雇用できる労働力として女性が位置づけられたことから女性労働者が増加傾向となり、託児所の設置を求める声が高まりをみせるようになった。

こうして、1919（大正8）年7月には、大阪市にわが国最初の公立託児所が設置され、この2年後の1921（同10）年には東京市にも設置された。しか

し、保育内容については、全国的基準が定められていなかったため、幼稚園に比べると託児所間、地域間において差異が生じることとなった。なお、1921（同10）年の東京市託児保育規定には、一般幼稚園の課程に準じて幼児を訓育すること、という内容が示された。

3 ── 昭和期（敗戦まで）における幼稚園および託児所の保育内容

(1) 昭和期の保育内容と倉橋惣三

昭和に入ると、保育理論や実践に新たな動きがみられるようになる。それは、倉橋惣三が提唱した誘導保育論と呼ばれるものである。

これは、子どもが自然の生活形態のなかで遊びを中心とした自発的活動を通して、自己発展、充実を体得するというものである。保育者は子どもの諸活動を援助するとともにその自己活動が発展するよう促す必要がある。つまり、倉橋が考えた誘導保育は、保育者が子どもに教え込むのではなく、さまざまな活動に取り組む子どもから無限の可能性を導き出すというところに重点を置いたのである。「誘導」に対するこうした考え方は、次に示す倉橋の著書にも見出すことができる。

> 子供の心の口を、あんと上に向かせて、上から物でも押し込むように教えこむことの、真に心のはたらきを練る所以でないことはいうまでもない。（中略）ちょうど撃剣の腕を磨くのと同様に、先生が相手をして、撃たせて見たり、受けて見たり、撃ち込んで見たり、その間に、腕のはたらきが進歩するようにしむけてやるのでなくては出来ない。
> 『幼稚園雑草』1926（大正15）年

> 自由に読書せんとする要求は、それ自身として精神発達の上に、強くまた極く重要な働きをなすもので、これを禁ずるは運動せんと欲する子どもを静止せしめて、その筋肉の発達を妨げると同一である。（中略）運動せんとする要求は健康なる身体活力の当然の要求であって、然もこれを充たさるることによって、更に益々増進発達して行くところのものである。同様に、読書せんとする要求が誤って悪しき内容に触れ、その悪趣味に引き付けられて行く危険もないではないが、精神の活発なる活力として、これを満足せしむることによって助長さして行かねばならぬものである。
> 『育ての心』1936（昭和11）年

(2) 戦時体制下の保育行政と託児所の保育内容

1937（昭和12）年7月に中国の北京郊外の盧溝橋で日中両軍が軍事衝突した。このことをきっかけとして日本と中国が全面戦争へと突入したことにより、いわゆる戦時体制下の時代を迎える。この時期における保育行政の具体

的な動きとしては、1937（同12）年に設置された教育審議会が示した「幼稚園ニ関スル要綱」が挙げられる。

政府は、「幼稚園ニ関スル要綱」に「幼稚園ノ設置ニ付一層奨励ヲ加フルト共ニ特別ノ必要アル場合ハ簡易ナル幼稚園ノ施設ヲ認ムルコト」や「幼児ノ保育ニ付テハ特ニ其ノ保健並ニ躾ヲ重視シテ之ガ刷新ヲ図ルコト」などの内容を盛り込み、幼稚園の設置や保育について政府の見解を明らかにした。

また、託児所に関しては、1938（昭和13）年に厚生省が設置され「社会事業法」が制定されたことがターニングポイントになっている。社会事業法の第1条において「育児院、託児所其ノ他児童保護ヲ為ス事業」と定められたことにより、託児所は法的根拠をもつ保育施設となったのである。

第2節 ● 戦後の保育内容

1 ── 戦後新教育からみた保育内容

(1) 戦後復興と幼児教育の方向性

戦争の末期には空襲や校舎の焼失とともに軍需生産や訓練に児童・生徒、学生が動員されたため、学校教育や幼稚園、託児所の保育は停止という状況に追い込まれた。1945（昭和20）年8月に終戦を迎えると、文部省は授業再開への指針を全国に向けて出したが、疎開学童※6の復帰の問題や戦禍によって授業の再開が困難な学校も少なくなかった。

戦争による被害や食糧難と並行して旧秩序の打破が進められるという混迷状態にはあったが、戦争を乗り越えた子どもたちのために、被害を受けた幼稚園や託児所は徐々に再建への意欲を高めていった。

この時期、わが国の教育の再建に重要な役割を果たしたのが、1946（昭和21）年3月に来日した第一次米国教育使節団である。第一次米国教育使節団は、約1か月の滞在の後報告書※7を作成し、そのなかでわが国の教育制度の進むべき新たな方向性を示した。

この報告書は、民主化を推し進める日本政府の教育再建計画に大きな影響を与えるとともに、戦後わが国の教育改革の指針となったのである。

しかし、幼児教育については、初等教育や中等教育とのかかわりのなかで触れられている程度で、新しい制度づくりに向けた具体的方向づけや再建プランは提示されなかった。

※6 疎開学童
空襲などによる砲撃を避けるため、1944（昭和19）年夏ごろから、地方の都市や農山村などへ集団で移動させられた大都市の国民学校初等科児童。

※7 米国教育使節団報告書
米国教育使節団が提出した報告書では、日本の教育の目的や内容、国語改革、初等・中等学校における教育行政、授業及び教師養成教育、成人教育、高等教育などについて勧告、提言がなされた。

(2) 新制度からみた幼稚園と保育所

　戦後における幼児教育の展開をみるとき、戦後教育改革に基づいて新しい幼児教育の方向性が示された1947（昭和22）年が最も重要な時期といえる。それは、同年3月に制定された「学校教育法」と12月に制定された「児童福祉法」により、今日に至る戦後の新しい幼児教育が明確に方向づけられたからである。

　幼稚園は、学校教育法第1条において「この法律で、学校とは、小学校、中学校、高等学校、大学、盲学校、聾学校、養護学校及び幼稚園とする」と定められた。これにより、幼稚園はいわゆる1条校として学校教育法に法的根拠をもつ正規の学校体系のなかに位置づけられた（学校教育法の制定により、「幼稚園令」は廃止された）。

　一方、戦前は幼稚園とともにわが国の保育の発展に重要な役割を果たしてきた託児所やそれに類する保育施設は、1951（昭和26）年に改正された児童福祉法のなかで、「保護者の委託を受けて、保育に欠けるその乳児又は幼児を保育することを目的とする施設」と定められた。

　こうして、幼稚園においては、満3歳から小学校就学の始期に達するまでの幼児を対象として、また保育所においては、「保育に欠ける」乳児から小学校就学の始期に達するまでの幼児を対象に保育を施すこととなったのである。

　保育内容という点からみると、こうした新制度の整備により、幼稚園、保育所の場は、保育内容を配置したり組み立てるにあたっての基準を求める声も上がるようになっていった。

(3) 保育要領における保育内容

　文部省は1947（昭和22）年3月に幼児教育内容調査委員会を設置し、保育の場における指導の指針づくりに着手した。こうして、翌年には「保育要領」が刊行されることとなった。

　試案として刊行された「保育要領」の主な特徴としては、次の3点が挙げられる。
①保育の場を特定しない幼児教育全般の手引き書という性格をもっている。
②幼児期における生活指導や幼児の発達の特質などについて具体的説明がなされている。
③保育内容を12項目に分けて設定している。

　なお、保育内容の12項目は「楽しい幼児の経験」として、図14－1のように示されている。

図14−1　楽しい幼児の経験

2 ── 講和独立後における社会状況の変化と保育内容

(1) 講和独立後における保育の方向性

　1951（昭和26）年9月8日、サンフランシスコ会議の席上において、アメリカ、イギリスを中心とした48か国との間でサンフランシスコ平和条約が締結された。

　この条約の締結にあたっては、ソ連や中国が調印していないという点や、アメリカが構想する極東政策が色濃く反映されているなどの問題もあった。しかし、この条約の締結により、国家としての主権が回復し、戦後わが国の向かうべき方向が明らかとなったという点で意義のある条約であったといえる。

　その一方で、敗戦後における自由の風潮のなかでさまざまな取り組み、制度づくりを行っていた日本国民は、いわゆるサンフランシスコ体制のもとで、軌道修正を求められることにもなったのである。

　このような社会情勢の変容は、新教育の名のもとに改革が進められていた教育制度にも少なからず影響を与えた。注目すべきは、敗戦後数年間で積み上げられてきた教育における自由の諸要素が、条約の締結により転換を余儀なくされたということである。

　すなわち、これは教育行政が中央集権化の傾向をみせはじめたことを意味している。たとえば、文部省の権限が再び強化されたことにより、その管轄下にある幼稚園制度のみならず、保育所の制度にも影響を与えることとなったのである。

(2) 幼稚園教育要領成立までの諸政策からみた幼稚園の保育内容

　ここでは、幼稚園教育要領成立までの動きとして、「幼児指導要録」と「幼稚園基準」の通達について概観する。

　1951（昭和26）年3月、文部省は都道府県知事、都道府県教育委員会、五大市教育委員会あてに「幼児指導要録」を通達した。通達の冒頭には、「地方ならびに幼稚園は、この様式を参考として、おのおのその実情に応じて、決定されるよう望みます」と記されているが、ここにこの通達の性格が端的に表現されているといえる。

　なお、この通達には「幼児指導要録」の趣旨として、次のような内容が示されている。

①おのおのの幼児の成長発達の経過を、全体的、継続的に記録して、幼稚園における幼児の指導を、より適切にするための原簿である。

②記録すべき事項は、幼稚園教育の目的や目標から考えて、特に必要と認められる最小限のものを選んでいる。

③項目は、小学校教育との関連をじゅうぶん考慮し、かつ幼児の全体的発達に必要なもののみを選んでいる。

④記録の方法は、できうるかぎり客観的に、しかも簡単に、かつ容易に、記録できるようになっている。

　上記のうち、①は幼稚園において、より適切に幼児の指導を行うという趣旨が示されているが、これは、幼児への指導における保育内容の整合性や妥当性などともかかわっている。

　幼稚園はすでに述べたように戦後の教育法令改革のなかで、学校教育法を根拠とする正規の学校体系のなかに位置づけられたが、その一方で、幼稚園の編制や施設、設備等に関する基準が整備されていないという問題が出てくるなど、新たに幼稚園を設置しようとする者やそれを認可する側から幼稚園の設置基準の設定を求める声がしだいに高まってきた。

　このような状況を受けて、文部省は1952（昭和27）年5月「幼稚園基準」を通達し、幼稚園設置全般に係る水準の維持と向上を図ったのである。こうした動きは、幼稚園の保育内容にも影響を与えた。そして、その影響は「幼稚園幼児指導要録」を経て、「幼稚園教育要領」の誕生へと引き継がれていくことになる。

(3) 児童福祉施設最低基準からみた保育所の保育内容

　1948（昭和23）年における保育の動向を概観すると、「保育要領」の刊行のほかにもう1つ注目しなければならない動きがあった。それは、12月に厚

生省令として出された「児童福祉施設最低基準」※8（現：児童福祉施設の設備及び運営に関する基準）の制定である。

保育内容の変遷の過程をみるとき、「児童福祉施設最低基準」に示された保育内容関連の記述は、保育所保育指針発行までの保育所の保育内容の指針になったという点でおさえておかなければならない。

当時の「児童福祉施設最低基準」における保育内容の記述は、同基準の目的を踏まえて次のように記されていた。

> 第55条（保育の内容）　保育所における保育の内容は、健康状態の観察、個別検査、自由遊び及び午睡の外、第13条第1項に規定する健康診断を含むものとする。
> 2　健康状態の観察は、顔ぼう、体温、皮膚の異常の有無及び清潔状態につき毎日登所するときにこれを行う。
> 3　個別検査は、清潔、外傷、服装等の異常の有無につき毎日退所するときにこれを行う。
> 4　健康状態の観察及び個別検査を行つたときには、必要に応じ適当な措置をとらなければならない。
> 5　自由遊びは、音楽、リズム、絵画、製作、お話、自然観察、社会観察、集団遊び等を含むものとする。

上記をみてみると、同年刊行の「保育要領」の保育内容と共通している部分はあるが、随所に保育所の保育に求められる要素※9を盛り込んだ独自の視点を示している。

厚生省は、この「児童福祉施設最低基準」の後、「保育所運営要領」(1950（昭和25）年)、「保育指針」(1952（同27）年)を刊行し、戦後における保育所の役割や位置づけの明確化を図ったのである。

3 ── 「幼稚園教育要領」「保育所保育指針」の変遷

(1)「幼稚園教育要領」の変遷と保育内容

1956（昭和31）年、文部省は、「保育要領」を改訂し新たに「幼稚園教育要領」として刊行した。改訂にあたっての要点は、「幼稚園教育要領」の冒頭で示しているように、第一に、幼稚園の保育内容について、小学校との一貫性をもたせるようにした。第二に、幼稚園教育の目標を具体化し、指導計画の作成の上に役だつようにした。第三に、幼稚園教育における指導上の留意点を明らかに示した、の3点である。

なお、改訂の背景には、文部省が幼稚園振興計画を進めるにあたって、学校体系に位置づけられた幼稚園の教育課程や保育内容の基準を明確にすると

※8　「児童福祉施設最低基準」の目的
第2条（目的）には、次のような内容が定められていた。
→最低基準は、児童福祉施設に入所している者が、明るくて、衛生的な環境において、素養があり、かつ、適切な訓練を受けた職員（児童福祉施設の長を含む。以下同じ）の指導により、心身ともに健やかにして、社会に適応するように育成されることを保障するものとする。

※9　保育所の保育に求められる要素
たとえば、保育所独自の要素として保育時間が挙げられる。同基準では保育時間について、「保育所における保育時間は、1日につき8時間を原則とし、その地方における乳児又は幼児の保護者の労働時間その他家庭の状況等を考慮して、保育所の長がこれを定める」（児童福祉施設最低基準第34条）としている。

いう意図があったと考えられる。

その後、「幼稚園教育要領」は、時代の変化や幼稚園に求められる諸要素などに対応するため、1964（昭和39）年、1989（平成元）年、1998（同10）年、2008（同20）年、2017（同29）年にそれぞれ改訂されている。改訂の動向と関連事項は表14－4のようになっている。

表14－4　「幼稚園教育要領」の変遷

年　度	備　考
1956 （昭和31）	①小学校教育との接続を踏まえて、幼稚園における保育の基準を明らかにした。 ②保育内容とかかわる根幹の部分を6つの領域（健康、社会、自然、言語、音楽リズム、絵画製作）に分類しこれを「望ましい経験」として示した。
1964 （昭和39）	①文部省告示として刊行される。健康、社会、自然、言語、音楽リズムおよび絵画製作の各領域を継承。 ②保育内容の各項目は、幼稚園教育の達成目標を踏まえて幼稚園修了までに指導することを原則とした。
1989 （平成元）	①幼稚園教育が環境を通して行うものであるということを明示した。 ②保育の領域が従来の6領域から5つの領域（健康、人間関係、環境、言葉、表現）に変更される。
1998 （平成10）	①保育内容の領域は、5つの領域（健康、人間関係、環境、言葉、表現）を継承するとともに、小学校教育との接続、連携を強化。 ②指導計画の作成にあたって、預かり保育や子育て支援などを明示。
2008 （平成20）	①教育基本法第11条に規定された「幼児期の教育は、生涯にわたる人格形成の基礎を培う重要なものである」を踏まえて、総則、ねらいおよび内容等が見直された。 ②「幼稚園教育」においては、幼児の健やかな成長を促すため、育ちや社会の変化、発達や学びの連続性などに配慮し、「子育ての支援と教育課程に係る教育時間の終了後等に行う教育活動」については、活動の内容や意義の明確化をはかった。
2017 （平成29）	①従来の保育における5領域を維持し、「幼児期の終わりまでに育ってほしい姿」として、健康な心と体、自立心、協同性、道徳性・規範意識の芽生え、社会生活との関わり、思考力の芽生え、自然との関わり・生命尊重、数量・図形、文字等への関心・感覚、言葉による伝え合い、豊かな感性と表現の10項目を提示した。 ②幼稚園と小学校との連携を図り、幼稚園教育と小学校教育との円滑な接続を推進するとともに、預かり保育や子育て支援に取り組むことを通じて、幼稚園と家庭の連続性に配慮することとした。

(2)　「保育所保育指針」の変遷と保育内容

最初の「保育所保育指針」は、1965（昭和40）年8月に通知・施行された。同指針において明示された、「保育所の保育」＝「養護と教育を一体として行う」という観点は、その後の保育実践を方向づけることになったという点で意義がある。また、20年以上にわたって、保育の場における保育所独自の

保育を展開するための指針として重要な役割を果たしてきた。

しかし、時代や社会状況の変化に伴って、保育所に要求される保育課題が多様化するに至った。こうして、1990（平成2）年3月には、長年保育の場での手引きとして用いられてきた「保育所保育指針」が改定されることとなった。

ところで、厚生省は「保育所保育指針について」（1990（平成2）年3月）を通知したが、その冒頭では、「今回の保育指針は、乳児保育の普及など保育需要の多様化等保育をめぐる環境の変化を踏まえて作成された」としている。また、同通知で保育内容については、幼稚園教育要領との整合性に配慮し、従来の6領域から5領域に改める[※10]とともに、保育需要の多様化に対応するため、「事業内容の特性、地域の状況、保育所の実情などを十分に考慮し、柔軟な対応を図られたい」という見解を示している。

1990（平成2）年施行の「保育所保育指針」は、多様化する保育の場において、養護と教育の一体化に基づいた子どもの人間性の育成に寄与してきた。しかし、社会状況の変化が加速するなか、子をもつ家庭が求める保育ニーズが大きく変容することとなった。たとえば、核家族における母親の育児負担、児童虐待、まわりに相談相手がいないなどの理由による育児不安といった問題を背景として、家庭の養育機能の低下が各方面から指摘されるようになった、などの問題が挙げられる。

なお、「保育所保育指針」は、1999（同11）年3月に改定（施行は翌年4月）されたが、この改定において前述の育児問題への具体的対応がみられる。それは、新たに第13章として示された「保育所における子育て支援及び職員の研修など」である。この第13章では、地域、社会から求められている保育所の役割に応えるため、次のような取り組みを行うとしている。

1　入所児童の多様な保育ニーズへの対応
　(1)　障害のある子どもの保育
　(2)　延長保育、夜間保育など
　(3)　特別な配慮を必要とする子どもと保護者への対応
2　地域における子育て支援
　(1)　一時保育
　(2)　地域活動事業
　(3)　乳幼児の保育に関する相談・助言
3　職員の研修等

以上により、我が国の保育所保育は一定の成果を挙げ社会的要請に応えてきたといえよう。しかし、1999（同11）年版「保育所保育指針」の施行以降、

※10　6領域から5領域に改める
3歳児以上を対象として、「健康」「社会」「言語」「自然」「音楽」「造形」の6領域が示されていたが、改定により、「健康」「人間関係」「環境」「言葉」「表現」の5領域となった。

保育所や子育て家庭、子どもの生活環境などを取り巻く諸状況が変化し、対応すべき問題はさらなる多様化の様相を呈してきた。このような動向により、「保育所保育指針」の位置づけや構成、内容などの見直しを求める声が高まり、幼稚園教育要領の改訂と連動するかたちで、保育所保育指針は2008（同20）年3月の改定を経て、2017（平成29）年には社会情勢への変化に対応するため、9年ぶりの改定に踏み切った。

　2008（平成20）年版保育所保育指針は、指針としての規範性を明確にするため、「大臣告示」という形で改定された。また指針の内容については、その構成や取り扱い事項の精選を図る（大綱化）とともに、保育所の自主性や創意工夫を促すといった方向性が打ち出された。改定の主なポイントは図14－2の通りである。

図14－2　2008(平成20)年版保育所保育指針の改定のポイント

　一方、2017（平成29）年版保育所保育指針については、ニーズが高まっている3歳未満児の保育の充実化を進めるため、指針の内容として3歳未満児の保育に関する記載を充実させたり、保育所と小学校との連携をより一層活発化させるため、保育所における幼児教育の積極的位置づけを行うことなどが、改定のポイントに盛り込まれている。さらに、保育所における食育の推進や保育環境の安全確保についても重要命題として掲げるとともに、保育士の専門性や資質の向上に向けたキャリアパスの明確化を図るとしている（図14－3）。

図14－3　2017(平成29)年版保育所保育指針の改定のポイント

● 「第14章」学びの確認
①戦前における幼稚園と託児所の保育内容の特徴を表にまとめ比較してみよう。
②「幼稚園教育要領」と「保育所保育指針」の性格、意義、保育内容の特質についてまとめてみよう。
●発展的な学びへ
①戦前における保育内容の変遷について、テーマを設定し調べてみよう。
②保育一元化に適合した保育内容を提案してみよう。

引用文献

1） 文部省『幼稚園教育百年史』ひかりのくに　1979年
2） 吉田久一『日本社会事業の歴史』勁草書房　1994年
3） 日本保育学会『日本幼児保育史』(全6巻)　フレーベル館　1968〜1975年

●○● コラム ●○●

保育内容と「遊び」―「遊び」は時代を超える―

　「幼稚園教育要領」「保育所保育指針」および「幼保連携型認定こども園教育・保育要領」の保育内容のなかで、「遊び」は重要な位置を占めている。それは、「遊び」という活動が子どもの成長、発達に必要不可欠であり、またさまざまな効果が期待できるからである。

　ところで、多くの遊びが時代を超えて今日(こんにち)に伝えられているのは、よく知られているところであるが、「遊び」の内容は同じでも、その名称、呼称が変化することも少なくない。したがって、古い書物を紐解いて「遊び」を調べても、その名称だけでは内容がどのようなものなのか判断が難しくなる。

　たとえば、明治期の子どもの「遊び」に「繰言葉（くりことば）」がある。はじめてこの名称をみた人で、この「遊び」の内容がわかる人はどれくらいいるだろうか。しかし、繰言葉で使われる次の一節をみると、多くの人はわかるのではないだろうか。

「向ふの小山の小笹の中から小猿が一疋小面を差出す。」
「隣の客は柿喰ふ客か柿喰はぬ客か。」

　これらの言葉を3回から5回程度急速に繰り返し、言い誤らなければ勝ちとなる。すなわち、繰言葉とは、こんにちの「早口言葉」ということになる。

出典：坂下亀太郎編『絵入幼年遊戯』博文館　1893（明治26）年8月　p.5

第 **15** 章　諸外国の保育内容

◆キーポイント◆

　子どもをどのような存在としてとらえ、いかなる発達観のもと、どのような目的や目標をもって、どのように保育を展開していくのか考えることは、保育の根幹である。世界では、さまざまなエビデンス（証拠・根拠）に基づき乳幼児期の保育・教育が展開されている。
　保育者として自身の子ども観・保育観を構築していく基礎を培うために、諸外国の動向を知り、国際比較を通して日本の保育やそれを取り巻く状況を俯瞰的にみつめなおすことは重要である。本章において諸外国の保育内容やその背景などを知ることで、視野を広げながら、具体的な日々の保育実践で大切にしていくべきことを考える機会としてほしい。

第1節 ● 世界の乳幼児教育・保育（ECEC）の潮流

1 ── OECD諸国における乳幼児を取り巻く社会の動向

(1) OECD諸国が抱える政策課題の概要

　各国の人口の推移に着目すると、OECD（経済協力開発機構）加盟国の合計特殊出生率は、次世代の人口を維持するのに必要なレベルである2.07をはるかに下回るまでに低下しており、各国共に少子化の課題を抱えていることがわかる。日本も例外ではなく、厚生労働省の人口動態統計（2017年）によると、2016（平成28）年の子どもの出生数は初めて100万人を下回り、合計特殊出生率は1.44に低下した。
　深刻度を増してきている少子化の背景には、女性の社会進出による晩婚化、そして初産の年齢の高齢化などがある。家族構成や生活スタイル、労働市場にも変化がみられ、保育に関してもサービスの利用は増加傾向にあり、ニーズも多様化している。また、多くの国で所得格差が拡大しており、相対的貧困率の上昇[※1]などもみられる。さらに、多文化共生による多様なコミュニティが生まれており、教育の場における新たな課題への対応も求められている。

※1　日本も例外ではなく、大竹文雄ら(2008)算出による日本の年齢階級別貧困率を見ると、特に5歳未満の子どもがいる家庭の貧困率の上昇が顕著である。その要因には、その親世代にあたる20〜30代の非正規雇用労働者の増加による貧困率の上昇や、離婚率の上昇に伴う母子家庭の増加などが挙げられる。

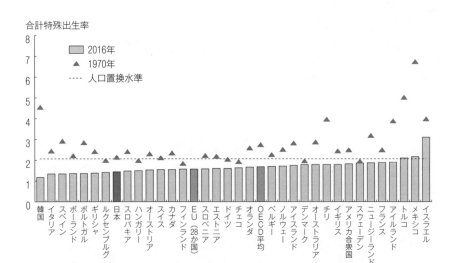

図15－1　OECD加盟国における合計特殊出生率

出典：OECDウェブサイト「OECD Family Database」及び「Fertility rates」より筆者作成
http://www.oecd.org/els/family/database.htm
https://data.oecd.org/pop/fertility-rates.htm

このように、諸外国における子どもを取り巻く社会が抱える政策課題は、多様化・複雑化している。それらに対し、たとえば、経済的に恵まれない家庭層に限定し福祉の充実を図り子どもの教育格差の是正に取り組むイギリス、ワークシェアリングにより女性の就労を促進させるオランダ、子育てする全世帯へのサポートの充実や、子どもの数が増えればさらに手厚いサポートをして少子化対策に取り組むフランス、また、日本と同様に合計特殊出生率が低いため、急速に幼児教育・保育制度の整備を強化し就学前教育への在籍率を高める韓国といったように、それぞれの国において積極的に乳幼児を取り巻く状況や環境の改善・対策に取り組む現状がある。

(2) 質の高い幼児教育・保育の重要性に関するエビデンスと投資

諸外国では、さまざまな研究成果のエビデンス（証拠・根拠）に基づき、幼児教育・保育（ECEC[※2]）に対する政策的な関心の高まりがみられる。注目されるエビデンスの代表格は、国の公的投資を幼児教育にあてることによる社会全体としての成長への功績を明らかにした、経済学者であるヘックマン（J. Heckman：ノーベル経済学賞受賞）らの研究成果（p.180コラム参照）といえるだろう。ヘックマンは、学校教育や職業訓練にかける公的なコストに比べて、就学前プログラムへの教育投資の方が、費用対効果が高いことを明らかにし、質の高い幼児教育・保育の保障は、その後の生涯の学びや生活の質向上につながることを報告している。

※2　Early Childhood Education and Care の略。

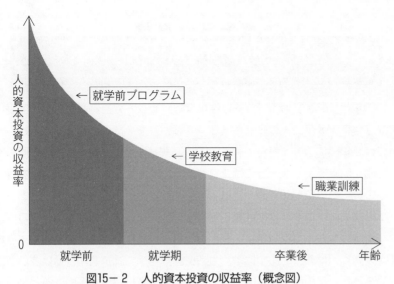

図15-2　人的資本投資の収益率（概念図）

出典：James J. Heckman and Alan B Krueger, Inequality in America: What Role for Human Capital Policies?, Cambridge, Massachusetts: the MIT Press, 2003 を一部改変（訳は筆者による）

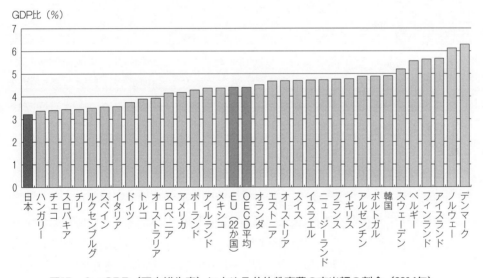

図15-3　GDP（国内総生産）に占める公的教育費の支出額の割合（2014年）

出典：OECD, Education at a Glance2017：OECD INDICATORS, 2017をもとに筆者作成
https://www.oecd-ilibrary.org/docserver/eag-2017-en.pdf?expires=1530179978&id=id&accname=guest&checksum=B3BAED05934F971FF78FCA7EB29DA441

　このようなエビデンスから、教育が支出ではなく投資であるという認識は各国に浸透している。2014年のOECD調査による公的教育費の対GDP（国内総生産）比率に関する国際比較統計をみると（図15-3）、公的支出割合が最も高かったのはデンマークで6.3%、OECD平均は4.4%であり、日本は3.2%

●○● コラム ●○●

ペリー就学前プロジェクト

　1960年代、アメリカでペリー就学前プロジェクトが行われた。貧困家庭のアフリカ系アメリカ人の子ども（3〜4歳児）を2つのグループに分け、一方には2年間に渡り、毎日午前中に学校で教育を施し、午後には週1回の家庭訪問を試みる。もう一方にはプログラムを実施せず、その後の経済状況や生活の質について約40年間の追跡調査をするという大規模縦断調査である。

　その結果、プログラムを実施した対象グループの子どもたちは、プログラムを実施しなかったグループの子どもたちより高校卒業率、持ち家率、平均所得が高く、婚外子を持つ比率、生活保護受給率、逮捕者率が低いという差が見られた。この研究結果は、乳幼児期の質の高い保育を保障するというアメリカの政策に影響を与えたといわれている。

と34か国中最下位であった。また、日本は諸外国と比較すると、3、4歳児の就学前教育の在籍率は高い（2015年時点[※3]で3歳児80％、4歳児94％）が、3歳未満はOECD平均を下回っている。さらに、幼児教育に対する教育支出は、OECD平均の82％を大幅に下回る46％となっている。このような国際比較から、日本の特異性と検討すべき課題がみえてくるのではないだろうか。

(3)　「非認知能力」育成に関する国際的関心の高まり

　幼児期は、生涯にわたる人格形成の基礎を培う重要な時期となる。この時期に育むことが望まれる大切な力として、前述のヘックマンの研究成果や脳科学の視点[※4]などから（図15−4参照）、国際的に非認知能力への関心が高まっている。この非認知能力とは、国際的には「社会情動的スキル」[※5]と呼ばれ、具体的には、忍耐力、意欲、自己抑制、目標への情熱などといった目標を達成する力、社会性、敬意、思いやり、信頼などといった他者と協働する力、自尊心、楽観性、自信などといった情動を制御する力を指す。IQなどの数値化できる認知能力と異なり、目に見えにくいスキルであるが、この非認知能力と認知能力とは絡み合って伸びていくとされる。

　このようなエビデンスは、保育の場において保育者が、子どもの"目に見えやすい○○ができる・できないなどという結果に価値をおくのか"または"物事にチャレンジする姿に価値をおき、そのプロセスに見られる多様な姿

※3　参考：「図表でみる教育2017：OECDインディケータ」。

※4　「感情のコントロール、社会的スキル、言語や数といった極めて重要な発達領域における脳の感受性のピークは、子ども時代の最初の3年間にある」と報告されている（Starting Strong V 2017）。

※5　参考：池迫浩子・宮本晃司「家庭、学校、地域社会における社会情動的スキルの育成―国際的エビデンスのまとめと日本の教育実践・研究に対する示唆」ベネッセ総合研究所　2015年。

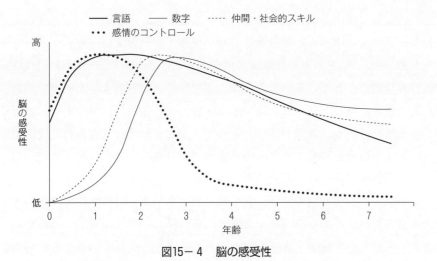

図15-4　脳の感受性

出典：OECD, Starting Strong2017：Key Oecd Indicators on Early Childhood Education and Care, 2017

を評価していくのか"といったように、保育における子どもに対する具体的なスタンスにも結びつく重要な役割を担っているといえよう。

2018（平成30）年施行の幼稚園教育要領、保育所保育指針、幼保連携型認定こども園教育・保育要領も、諸外国の動向と同様に、このようなエビデンス[※6]に基づく改訂・改定であることを念頭におく必要がある。

2 ── 諸外国の保育内容の動向

(1) 諸外国の幼児教育・保育にみられる2つの系統

OECD（経済協力開発機構）は、世界の幼児教育・保育の質の基準維持と改善のために国際比較による分析調査をはじめ、『Starting Strong：人生の始まりこそ力強く』（OECD, 2001）を皮切りに、Starting Strong Ⅱ（2006）、Starting Strong Ⅲ（2012）、Starting Strong Ⅳ（2015）、Starting Strong Ⅴ（2017）と継続してOECD諸国の幼児教育・保育に関する報告書をまとめている。この報告書によると、世界の幼児教育・保育には、就学準備型、生活基盤型というおおよそ2つの類型があり、その内容は対照的なものであるという。それぞれの特徴をみていくことにする[※7]。

① 就学準備型

世界の幼児教育・保育にみられるカリキュラムの一つが、フランスや英語圏諸国[※8]にみられる就学準備型（early education）のアプローチである。

※6　中央教育審議会教育課程企画特別部会（2015年8月26日）は、「幼児期において、探究心や思考力、表現力等に加えて、感情や行動のコントロール、粘り強さ等のいわゆる非認知的能力を育むことがその後の学びとかかわる重要な点であると指摘されていることを踏まえ、小学校の各教科等における教育の単純な前倒しにならないよう留意しつつ、（略）幼児教育の特性等に配慮しながらその内容の改善・充実が求められる」とまとめている。

※7　参考：『OECD保育白書人生の始まりこそ力強く：乳幼児期の教育とケア（ECEC）の国際比較』明石書店　2011年　pp.156-168。

※8　OECDの調査を受け入れた諸国のなかで、その他にオーストラリア、カナダ、アイルランド、オランダ、イギリス、アメリカが該当すると述べられている（Starting Strong Ⅱ 2006 p.71）。なお、ニュージーランドのテ・ファリキ（Te Whariki）カリキュラムを除くと添え書きがある（同上 p.157）。

この類型に属する国では、子どもを「形成されるべき幼い人」ととらえており、「生産性の高い知識労働者」や「従順で行いのよい市民」へ成長させるため、早期に幼児期から就学への準備をする必要があり、それが幼児教育・保育の目的だとしている。ここでは、認知発達、読み書き能力や計算能力、技術の熟達に重点が置かれ、系統的な学習方法を採用し、室内での学習を優先する傾向がある。教師が主導となって、子どもが系統立てられた段階を踏み、知識や技能を到達すべき国の水準へ到達させることを目標としている。そして評価の方法には、習熟度をみるチェックリストが用いられる。

　このように就学準備型では、各年齢における望ましい標準的発達という概念が存在し、子どもを取り巻く文脈とは無関係に、学校に適応するためのスキルの習得という結果・成果が求められている[※9]。ゆえに、子どもたちの欠点に焦点が当てられる場合が多く、「できない」ことが「できる」ようになるという「スキルや知識の蓄積」が重視される傾向にある。

② **生活基盤型**

　就学準備型のアプローチと対照的とされるもう一つが、スウェーデン、フィンランドなどの北欧諸国で採用されている生活基盤型（social pedagogy）のアプローチである。

　この類型に属する国では、子どもを「権利をもった主体」「自分自身の学習の主人公」「世界にかかわりたいという願望をもつ有能な人」ととらえており、子ども一人一人の多様性を尊重しながら信頼を寄せている。乳幼児期は、その後「二度と繰り返されることのない子ども時代」として尊重され、人生の広い意味の準備期間であり、生涯学習の基礎段階とみている。ゆえに、「今ここにある生活」が重視され、子ども自身の興味・関心を出発点とした探究や、家族・地域社会に密着した関係性のなかでの学びといったホリスティック（全体的・包括的）な学習を採用している。学習の場としては、戸外も室内も同等に教育的に重要とされる。教師は、「子どもたちの100の言葉」、つまり子どもの主体性を尊重し、子ども一人一人の「学習への意欲と好奇心」、そして学び手としての「自信」の獲得を支える。また、子どもの学びのプロセスをとらえていくものとしてドキュメンテーションを活用している。

　このように生活基盤型では、発達は、一つのものさしで測ることができるものではなく、多様性に富み、子どもを取り巻く状況や文脈と密接に結びついていると考えられている[※10]。また、「あらかじめ決められたレベルのスキルや知識」の習得をめざす就学準備型と異なり、生活基盤型では「有能な学び手としての自信」や学びに向かう姿勢を育むことを目標とし、個別で多様な育ちのプロセスを重視している。

※9　このように、「発達」を「スキルや知識の蓄積」と捉え、「次のステップに進むためには、（階段を上るのと同じように）その前段階としてクリアすべき『標準的な発達』というものがある」とし、「その時々の子どもの関心・個性・取り巻く生活・人間関係などは、発達を評価するうえで取り除かれるべきものだと考えられている」発達観を、大宮は「階段モデルの発達観」と紹介している（引用：大宮勇雄『学びの物語の保育実践』ひとなる書房 2006年 p.148）。

※10　大宮は「『社会構成主義』の発達論あるいは『社会文化的』発達論」と紹介し、「子どもの『参加としての発達』というのは、子どもの内部でおこるものではなく、そのおかれた『社会文化的な実践や状況』の中で発達するものであること、そしてそのプロセスは子ども側が主導する『主体的な意味づけ』によってすすんでいくこと」をその特徴として挙げている（引用：※9に同じ p.21、p.161）。

(2) 育てたい人間像とカリキュラム・デザインの関係性

育てたい人間像とカリキュラム・デザインとは、密接な関係がある。OECD報告書（OECD, Starting Strong Ⅲ, 2012）では、就学準備型及び生活基盤型カリキュラムのそれぞれの強みについてまとめている（表15－1）。就学準備型のアプローチは、「知能指数」「読み書き・計算の能力」「固有の知識」の習得に寄与し、「短期的および長期的な成果」が期待でき、一方、生活基盤型のアプローチは、「学びへの意欲」「創造性」「主体性」「自信」「一般常識」「独創力」の育ちに寄与し、「長期的な成果」に結びついていくと報告されている。

各国の情勢や子どもを取り巻く状況・背景は多様であり、状況に応じて適するアプローチを選択していく必要があるだろう。

わが国においても、人工知能の急速な進化などの科学技術のめまぐるしい進展による時代の変化を背景に、育てたい人間像やこれからの学校教育のあるべき姿について、議論がなされている[※11]。

そこでは、子どもたち一人一人が、いかなる環境のなかでも、柔軟に豊かな感性を働かせ、主体的に状況に向き合い、試行錯誤したり他者と協働したりしながら、目的に応じた納得解を見出し、またその過程で自らの可能性を発揮していくことができる「よりよい社会と幸福な人生の創り手」となっていくことを重視している。そして、その実現のために、学校教育において、

※11 「幼稚園、小学校、中学校、高等学校及び特別支援学校の学習指導要領等の改善及び必要な方策等について（答申）」（中央教育審議会2016年12月21日）では、これまでの教育のアプローチや子どもの姿の現状と課題について分析・整理し、「2030年の社会と子供たちの未来」について構想している。

表15－1　就学準備型及び生活基盤型カリキュラムモデルの効果

どちらの"モデル"が、以下に挙げる子どもの力を育む可能性が高いか	就学準備型（アカデミック）	生活基盤型（包括的）
知能指数	○	
学びへの意欲		○
読み書き・計算の能力	○	
創造性		○
主体性		○
固有の知識	○	
自信		○
一般常識		○
独創力		○
短期的な成果	○	
長期的な成果	○	○

出典：OECD (2012). Table2. 1. Effects of academic and comprehensive curriculum models Starting Strong Ⅲ A Quality Toolbox for Eearly Childhood Education and Care, OECD. p.87

6点（①育成を目指す資質・能力、②教科等を学ぶ意義と、教科等間・学校段階間のつながりを踏まえた教育課程の編成、③各教科等の指導計画の作成と実施、学習・指導の改善・充実、④子供の発達を踏まえた指導、⑤学習評価の充実、⑥学習指導要領等の理念を実現するために必要な方策）の枠組みの改善を求めている。幼稚園教育要領等の改訂は、これらを踏まえたものである。

時代の変化を踏まえ、育てたい人間像—とりわけ、「幼児教育において育みたい子どもたちの資質・能力」および、「幼児期の終わりまでに育ってほしい姿」が改めて示された今、乳幼児期の保育・教育におけるカリキュラム・デザインの検討は、喫緊の課題であることがみえてくる。

第2節 ● 特色のある保育内容

※12 『5つのカリキュラムの概要：人生の出発こそ力強く 幼児教育・保育におけるカリキュラムと教育』（Five Curriculum Outlines - Starting Strong, Curriculum and Pedagogies in Early Childhood Education and Care）OECD 2004。

※13 ナチスの侵略に反対したレジスタンス運動を出発点として、終戦直後、親たちによる幼児教育運動が起こり、自分たちの手で煉瓦を一つずつ手渡しで幼児学校を創り上げていった歴史がある。そして1963年、イタリアで最初の公立の幼児学校として誕生する。

※14 C. エドワーズ・L. ガンディーニ・G. フォアマン編（佐藤学訳）『子どもたちの100の言葉—レッジョ・エミリアの幼児教育』世織書房 2001年を参照。

OECDは、代表的な5つの国の保育カリキュラムを取り上げたワークショップ（2003年）を開催し、「5つのカリキュラムの概要※12（Five Curriculum Outlines）」（OECD, 2004）という報告書をまとめている。5つとは、経験による教育（ベルギー）、ハイスコープ（アメリカ）、レッジョ・エミリア（イタリア）、テ・ファリキ（ニュージーランド）、スウェーデンカリキュラム（スウェーデン）である。そのなかから、本書ではレッジョ・エミリアとニュージーランドの実践を取り上げ、詳しく紹介したい。

1 ── レッジョ・エミリアの保育実践

(1) 「子どもたちの100の言葉」とは

レッジョ・エミリアは、イタリア北部エミリア＝ロマーニャ州にある人口約17万人の小さな都市である。

1991年に、News Week誌で紹介されて以降、保育、芸術、建築など多様な観点からその実践が世界中から注目を浴びるようになった。

このレッジョ・エミリア市での教育改革※13を進めた中心人物が教育思想家のローリス・マラグッツィ（Loris Malaguzzi 1920-1994）である。マラグッツィ氏の「子どもたちの100の言葉」という詩※14は、レッジョの教育理念そのものといわれるほど、その子ども観を象徴する内容となっている。

ここでは子どもは、「可能性において豊かであり、有能で、力強く、力に

あふれ、大人や他の子どもたちとの結びつきの中で生きる存在」[1]ととらえられている。つまり、自信、意欲、探究心、創造性に満ち、自ら考え学ぶ、有能な学び手としてとらえられ、その子を取り巻く文脈や関係性とともに、一人一人が尊重されている。子どもを取り巻くおとなたちは、「あなたの目は何を見たの？　あなたの耳は何を聴いたの？」と子どもたちの声に真に耳を傾け、対話することを重視しながら対等な関係性のなかで保育を営んでいる。

(2) プロジェクト活動の展開とドキュメンテーションの活用

レッジョ・エミリアの保育において、中心的に取り組まれているものが、プロジェクト活動である。

子どもの興味・関心を出発点として、自分なりの表現がしやすい2〜5名程度の少人数に分かれて、子ども自身が何を学ぶのか自己選択・決定しながら、さまざまな文脈で探究活動を行っている。探究のテーマは、子どもにとって身近なものであり、光と影、音、水たまり、恋愛、加齢、身体など多様である。保育室内には、アトリエと呼ばれる場所があり、子どもたちの「100の言葉・100の表現の場所」として、さまざまなマテリアル（自然の素材、廃材、生地、用具など）を用意し、子どものニーズにあわせて、常に柔軟に環境を変容させている。

活動を支える大人集団には、保育者の他に、ペダゴジスタと呼ばれる教育主事やアトリエリスタと呼ばれる芸術教師がいる[※15]。地域に出かけることもしばしばあり、活動は、数週間から数か月に及ぶこともある。プロジェクト活動は、保育者らの観察および解釈のもと、子どもたちの主体性を尊重し、子どもたちからの自由な意見を取り上げながら、また子どもたちへの投げかけに対しどのように反応するかといったように、応答的で対等性が尊重された中で子どもたちの時間軸に沿って進んでいく。その際、プロジェクト活動のプロセスを見える化するドキュメンテーション[※16]が重要な役割を担っている。保育者は、活動中、子どもたちの傍らに寄り添い、子どもたちに応答しながら、カメラやメモなどを用いて、活動中の子どもの姿を記録している。そのドキュメンテーションを、保育者ら、子どもたち自身、保護者らで共有し、学びの軌跡をたどりながら、次の保育が展開されていく。

このようにドキュメンテーションは、「再訪、省察、解釈の機会を提供」[2]するととらえられており、活動する子ども自身の学び、親の理解、他者との

※15　ペダゴジスタは、「大学で教育学を専攻した経歴を持ち、教室の実践を教育研究と結びつけ園長の役割で教師と親との連携を築いて」おり、アトリエリスタは、「大学で芸術を専攻した教師であり、教師と子どもの創造的活動を支援する役割」を果たしていると紹介している（引用：ワタリウム美術館編　レッジョ・チルドレン『子どもたちの100の言葉』日東書院　2012年　pp.14-15）。

※16　ドキュメンテーション
「保育者によって、子どもの言葉・活動の過程・作品等が写真・テープ・ノートなど多様な手段で記録・整理・集約されたもの」である（引用：大宮勇雄「特集レッジョとテ・ファリキ」『現代と保育』第69号　ひとなる書房　2007年　p.23）。

つながりなどを支える役割がある。保育室内の壁のいたるところにドキュメンテーションが掲示され、「壁が語る」環境が見られる。収められている写真には、子どもがそれぞれの文脈の中でモノ、人、事と出逢い、発見し探究を進めている姿が収められており、その姿にこそ育ち（学び）があるととらえていることが伺える。

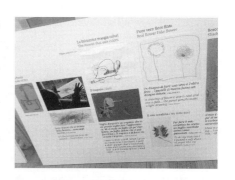

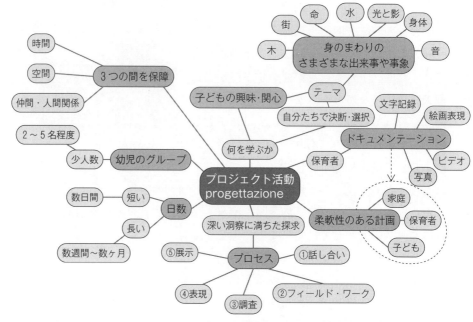

図15－5　プロジェクト活動のイメージマップ
筆者作成

また、レッジョ・エミリアには、さまざまな保育施設での保育実践のドキュメンテーションが展示されたローリス・マラグッツィ国際センター（Loris Malaguzzi International Centre）がある。そこには1つのテーマにつき、100以上の事例が集積されており、保育者

はいつでも多くの事例から学びを深めることができ、市民もまた子どもの育

ちや学び、そしてレッジョ・エミリアアプローチの保育観についての理解を深めていくことができる。

このように、子どもにかかわる大人をバックアップしていく体制も整えられ、保育の営みが支えられている。

(3) 街ぐるみで保育を支える循環システム

レッジョ・エミリアの各保育施設を訪れると、保育環境が実に豊かな素材にあふれている。素材は、重要な表現のツール（100の言葉）とみなされており、街にレミダ（REMIDA）と呼ばれるクリエイティヴ・リサイクルセンターがあり、そこへ各企業の製造過程で出る廃棄物がとりまとめられ、保育施設に無償提供しているのである[17]。

レミダは、廃校になった小学校や元教会などを再利用しており、レミダ内には、廃材を収納している倉庫に加えて、ワークショップスペースもある。

廃材を利用するという観点から、「リサイクル・エコロジー」といった概念を重視しているように捉えられが

※17 現在、参加企業は200社以上で、市が運営している。半官半民のイーレン（Iren）という会社が企業をまわり、トラックで廃材を回収している。

ちだが、実際には「美・クリエイティビティ」の概念を重視しており、「廃材（要らないもの）から、素材のもつ美しさを探究しよう」[18]という意識がみられる。そのため、倉庫内は廃材の展示の仕方や収納もユニーク（多様な素材を色別に集め収納しているなど）である。

年1回のレミダ・デーには、このレミダの廃材を利用して子どもたちが製作した作品が街中に展示される。子どもが、何かを与えられるだけの存在ではなく、創造性に満ちた社会の一員として、世界へ参加し、つながり、関係性の中で生きる存在として位置づけられていることがありありと見えてくる。

※18 素材へのアプローチを考える観点として、例えば「素材のもつ音を感じてみましょう」といったレミダ内案内者からの解説があった。

2 —— ニュージーランドの保育実践

(1) 多様な育ちを支える「テ・ファリキ」の概念

ニュージーランドは、ヨーロッパ系、先住民族であるマオリ族、アジア系、太平洋諸国系の人々が暮らす多民族国家であり、乳幼児保育施設やサービス

※19 20年の時を経て2017年には改訂版が出されており、こちらはニュージーランド教務省のウェブサイトで閲覧することができる。

※20 5つの領域とは、「幸福感(Well-being)」「所属感(Belonging)」「貢献(Contribution)」「コミュニケーション(Communication)」「探究(Exploration)」であり、これらの領域の目標は、何かができることになることを目標としておらず、「〜を経験する」ことを目標として掲げている。

※21 4つの原理とは、「エンパワメント(Empowerment)」「全人格的発達(Holistic Development)」「家族と地域社会(Family and Community)」「関係性(Relationships)」である。

も多様に存在する国である。1996年、それらの多様性や独自性を尊重する形で、ナショナルカリキュラムである「テ・ファリキ(Te Whariki)」が策定された[19]。「テ・ファリキ」は、英語とマオリ語とで記載されており、多様な背景をもつ子どもたちの帰属意識を尊重するとともに、子どもを取り巻く関係性のなかでの育ちを包括的にとらえ、自信に満ちた有能な学び手として成長することをめざしている。そのために、従来の就学準備型から生活基盤型へと移行し、「めざすべき人間が将来そうあってほしい生活を、子どもたちにも同じように経験させる」[3]というスタンスを示し、生活の意味や質にこだわり、それらを保育の目標として、5つの領域[20]内に掲げている。

ところで「テ・ファリキ」には、マオリ語で織物という意味がある。就学前教育を織物に見立て、保育の理念となる4つの原理[21]と、そこから導き出された5つの領域（保育の目標）が織り上げられ、一つの布地—「教育」を作り上げるイメージを表現している。また、人々が敷物の上で心地よく過ごすのと同様に、誰しもが「テ・ファリキ」という敷物を活用し、柔軟に保育を展開していくことができるということや、人間の発達は、さまざまな状況や文脈のなかで複雑な模様を織りなしながら、豊かに広がっていくものであるという隠喩が含まれている。

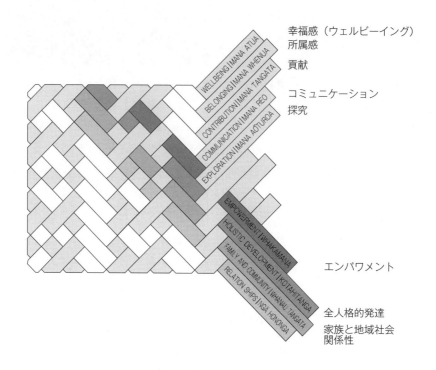

図15-6　Te Wharikiの図

出典：Ministry of Education, Te Whariki, p.13を一部改変（訳は筆者による）

第15章 ● 諸外国の保育内容

(2) 個々の学びを支えるラーニング・ストーリー：育ちの見える化

　ラーニング・ストーリーは、子どもの「有能な学び手としての自信」を支え、「学びの構え (learning disposition)」[※22]を育むことを目標として、マーガレット・カー (Margaret Carr 2001) らによって開発された子ども理解のためのアセスメント方法[※23]である。ラーニング・ストーリーは、子どもの姿を5つの視点 (①関心をもつ (taking an interest) ②熱中する (being involved) ③困難ややったことがないことに立ち向かう (persisting with difficulty or uncertainty) ④他者とコミュニケーションを図る (communicating with others) ⑤自ら責任を担う (taking responsibility)) から捉えた記録 (タイトル付)、写真、評価からなる。多様性を尊重し、子ども一人一人の興味・関心を出発点として、今、進行する育ちの過程を捉え、支援していこうとするものである。

　一例として、「アラナちゃんの猫のしっぽ」というタイトルが付けられたラーニング・ストーリーを紹介したい[※24]。

アラナちゃんの猫のしっぽ

　アラナちゃんは、クラスの友だちのリタちゃんが持ってきたキャッツのDVDをきっかけに、猫に関心をもつ。そして、「わたし、しろいねこがすきなの」と保育者に話し、保育者の援助のもと、しっぽづくりがスタートする。アラナちゃんのラーニング・ストーリーには、大きな白い布を裁断し、自分で選んだ色の絵の具を使って模様を描き、ミシンをかけて、オリジナルのしっぽを完成させ、猫になりきるという一連の流れが綴られている。また途中、興味をもった他児3名もしっぽづくりに加わったことも記されている。保育者は、このエピソードに続けて、アラナちゃんの根気強さと裁縫のスキルを、アラナちゃんの中で進んでいる学びとして評価するとともに、しっぽを作りたいという他児とのかかわりのなかでリーダーシップを発揮し、素晴らしいミシンの先生になってくれるのではないかと今後の可能性を綴っている。

　このように、子どものすべての言動に意味があると信頼ベースで応答し、その子を取り巻く状況のなかでのその子ならではのホリスティック（全体的・包括的）な育ちを見守り支援していくというスタンスがとられている。

　この一人一人のラーニング・ストーリーは、個別にファイリングされ、保育室の一角に置かれ、誰もが（保育者も、保護者も、子ども自身も）自由に

[※22] 「学びの構え」とは、「学びの機会を認識し、選択し、編集し、責任のある応答をし、抵抗し、探し求め、構成していく中から見出される多様な参加のレパートリー」と定義されている（引用：M.カー（大宮勇雄・鈴木佐喜子訳）『保育の場で子どもの学びをアセスメントする—「学びの物語」アプローチの理論と実践—』ひとなる書房 2013年 p.48)。

[※23] ニュージーランド教育省のHPには、Kei Tua o te Pae（ケイ・トゥア・オ・テ・パエ)』(地平線を超えて) というタイトルで、乳幼児評価モデル集が掲載されており、誰でもアクセスできる。

[※24] 本事例は、筆者がニュージーランド教務省にてラーニング・ストーリーについての説明を受けた際に提示されたものの1つである。

好きなタイミングで閲覧することができる。特に、子ども自身がこれを手にすることで、遊び（学び）への振り返りや、自己肯定感の高まりに寄与するなどの効果があり、世界的に注目されている。

● 「第15章」学びの確認
①就学準備型と生活基盤型について、それぞれの特徴を(ア)子ども観、(イ)幼児教育・保育の目的と方法、(ウ)評価のあり方などの観点から比較整理してみよう。
②諸外国の保育実践の特徴を整理し、学ぶべき要点をそれぞれまとめてみよう。
●発展的な学びへ
①興味・関心がある諸外国の保育内容について調べて発表しよう。
②実習等で出会った具体的な子どもの姿を出発点として、諸外国の保育内容を参考にしながら、育ちを支える今後の保育の展開について具体的に考え、指導計画を作成してみよう。
③作成した指導計画をもとに模擬保育を行い、多様な保育の展開について学びを深めよう。
④ドキュメンテーションや個人の記録を作成して、子どもの姿を見える化し、その媒体を他者と共有しながら、子どもの育ちや自身の保育観について考えてみよう。

引用文献

1）大宮勇雄『学びの物語の保育実践』ひとなる書房　2006年　p.28
2）C. エドワーズ・L. ガンディーニ・G. フォアマン編（佐藤学訳）『子どもたちの100の言葉—レッジョ・エミリアの幼児教育』世織書房　2001年　p.183
3）大宮勇雄『保育の質を高める—21世紀の保育観・保育条件・専門性—』ひとなる書房　2006年　p.43

参考文献

厚生労働省「平成29年（2017）人口動態統計の年間推計」2017年
大竹文雄「就学前教育の投資効果から見た幼児教育の意義—就学前教育が貧困の連鎖を断つ鍵となる—」2008年
ベネッセ教育総合研究所ウェブサイト「BERD」No.16
　http://berd.benesse.jp/berd/center/open/berd/backnumber/2008_16/fea_ootake_01.html
J.J. ヘックマン（大竹文雄解説・古草秀子訳）『幼児教育の経済学』東洋経済新報社　2015
OECD, Starting Strong 2017: Key Oecd Indicators on Early Childhood Education and Care, 2017
池迫浩子・宮本晃司（ベネッセ教育総合研究所訳）「家庭、学校、地域社会における社会情動的スキルの育成—国際的エビデンスのまとめと日本の教育実践・研究に対する示唆—」(OECDワーキングペーパー) 2015年

文部科学省「教育課程企画特別部会における論点整理について（報告）」
　http://www.mext.go.jp/b_menu/shingi/chukyo/chukyo3/053/sonota/1361117.htm
OECD, Starting Strong Ⅱ: Eearly Childhood Education and Care, 2006
OECD, Starting Strong Ⅲ: A Quality Toolbox for Eearly Childhood Education and Care, 2012
OECD, Starting Strong Ⅳ: Monitoring Quality in Eearly Childhood Education and Care, 2015
OECD,Starting Strong Ⅴ: Transitions from Early Childhood Education and Care to Primary Education, 2017
OECD, Five Curriculum Outlines-Starting Strong, Curriculum and Pedagogies in Early Childhood Education and Care, 2004
OECDウェブサイト「図表でみる教育（Education at a Glance）OECDインディケータ」2017年版
　http://www.oecd.org/education/skills-beyond-school/EAG2017CN-Japan-Japanese.pdf
ニュージーランド教育省（Ministry of Education）ウェブサイト「Kei Tua o te Pae」
　http://education.govt.nz/early-childhood/teaching-and-learning/assessment-for-learning/kei-tua-o-te-pae-2/
森眞理『レッジョ・エミリアからのおくりもの〜子どもが真ん中にある乳幼児教育〜』フレーベル館　2013年
佐藤学『驚くべき学びの世界―レッジョ・エミリアの幼児教育―』ワタリウム美術館　2011年
大宮勇雄『保育の質を高める』ひとなる書房　2006年

●○● コラム ●○●

「子どもたちの100の言葉」があふれる保育のデザイン

2016年2月、筆者はイタリアのレッジョ・エミリア近郊にある半年前に開所したグアスタッラ（Guastalla）市立保育所を訪れた。

丸みを帯びた室内は、光が差し込み、包まれている心地よさがあるだけでなく、自然物や廃材などのさまざまな素材が置かれ、思わずモノに手を伸ばしたくなるような透明性・美・関係性などを意識した空間が広がっている。ここでは、「空間や素材そのものは、一つの言語として、子どもたちに語りかける」ものだと捉えられている。

驚いたのは、本施設にはまだ正式な名称がないということである。"保育所の名前は、ここで過ごしている子どもたちと決める"―現在、そのプロジェクト活動が進行中だという。

子どもを取り巻くモノ・人・出来事が子どもにもたらす力とそれらに応答する子どもの力への信頼、一貫して子どもの声を尊重するという保育観、子どもとデザインしていく創造性に満ちた日々の保育の営みがありありとみえてくる。

本事例は、子どもたちが"確かにここに居場所がある"と実感できる「所属感」や、"世界を自分たちの手でよりよいものに変えていくことができる"という「自信」を育んでいくための保育の展開を考えていく上でヒントとなるのではないだろうか。

第 16 章　現代の保育の課題

◆キーポイント◆

　激変する現代社会が私たちに及ぼす影響は多岐にわたり、幼い子どもの生活にまでも甚大な影響を及ぼしている。科学技術のますますの進歩とともに超高齢化社会のなかで、労働人口の確保のためますます進む若い母親の社会進出。これに対応するため乳児保育などのさまざまな保育ニーズへの対応、待機児童問題などへの積極的な対応が急務である。このような状況のなか、幼い子ども、そしてその保護者に対し、重大な役割と責任を担う保育者は、不足しており、大きな社会問題となっているのは周知の事実である。また家庭においても子どもの貧困や科学技術の進歩に伴い家族間の人間関係の希薄化までもが今や大きな問題となっている。そこで本章では現代社会が抱える問題の実態とともに、それが幼い子どもの心身に及ぼす影響について考える。

第1節 ● 保育現場における保育の課題

1 ── 多様な保育サービスの問題点と課題

(1) 長時間の保育

　ここでは筆者が所属する保育所での事例に基づき、保育の課題をみていく。

　女性の社会進出が進んでいるなか、事業所によっては育児時間短縮労働やフレックス制度の導入、昨今では事業所内に保育施設を設置する企業が話題となり、仕事と家庭の両立をサポートするところもみられてきた。しかし、大半の保護者が該当する訳ではない。

　筆者が所属する保育所の開園時間および保護者の一例を図16-1に示す。

　このように多くの子どもが一日のうちの長時間を保育所で過ごすなか、幼い子どもの心身の健やかな発育・発達のための課題として挙げられる点を考察してみる。

　① デイリープログラムの見直し

　子どもたちの活動内容は、保育計画に沿って行われていくわけだが、長時間保育で過ごす子どもが増える状況下では、これまで以上に時間を意識し、デイリープログラムを作成しなくてはならない。「保育目標・ねらい」など

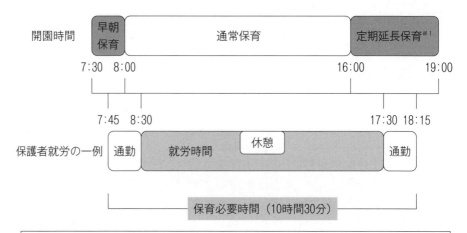

図16-1　保護者の就労と保育時間との関係

の目的を達成することにとらわれすぎてしまうと子どもの生活リズムを乱し、身体的なストレスをも誘発しかねない。昨今、自然環境の激変により、熱中症等に対する特別な配慮や休息時間の確保等活動環境の人為的調整・運動量の調整など、子ども自身が自発的に行うことは困難な事柄を保育者が考え、提供しなくてはならない。

② 長時間の保育に対応する保育者の配置や業務

多くの保育施設では担任制度をもって、クラス単位の保育が営まれているが、早朝保育・延長保育という時間帯になるとクラスを離れ、別枠のグループを形成して生活している[※1]。

この場合、正規雇用の保育者だけでなく、時間労働の臨時保育者の存在もあり、どの保育施設でも工夫して対応している。このような状況において、早朝・延長保育時間帯にある大切な業務として、直接保護者と関わり、子どもの様子などの情報連絡の場面があるが、必ずしも担任保育者が対応できる訳ではない。

保育のなかで「情報の伝達」は、子どもの成長を見守る協働者である保護者・保育者の双方にとって非常に重要なものである。どれだけ内容の優れた保育や家庭での過ごし方があったとしても、情報の伝達が機能しなければ、「何もわからない」という不安が残り、安心できる保育とはならない。

(2) 0・1・2歳児の保育

少子高齢化と言う構造的な問題に対し、国が推し進める一億総活躍社会。

※1　筆者所属の自治体では16時から19時を定期延長保育と定めている。

これにより、女性の社会進出が促進され、低年齢児の保育需要がますます急増し待機児童という言葉が飛び交っている。生まれて数か月といった乳児を受け入れるにあたり、物理的な環境の準備はもちろんのこと、直接子どもに接する保育者として、このような変化に対して責任を十分果たさなくてはならない。以下に、具体的にはどのようなことがあるのかを示す。

① 乳児保育（０歳児の保育）における課題

ある保育所では、10年前は０歳児が３名在籍していたが、現在は自治体からの意向を受け、６名在籍している。このような定員増加の変化があった保育所はいくつもある。この場合、規定通りの必要床面積や保育者人員２名の確保等は当然行われる。では保育の内容はそのままでよいのか。

６名の０歳児の成長度合いが全く同じで、行動や心情も同じであれば単純に２倍の保育をすることでよいだろう。しかし、子ども自身の成長度合いは当然それぞれ違い要求も違う。例えばオムツの交換をする場合、６通りのタイミングがあるのが普通である。このような子ども一人一人の要求に応えなければならない。

保護者は、保育所保育を必要とする理由（主に就労）にだけ力を注いでいるわけではなく、育児にしっかり向き合い、忙しい生活のなかで切磋琢磨している。保育者自身もめまぐるしい業務に追われることがあるが、保護者の心情を読み取り、優しく穏やかに育児協働者となることが求められる。

② １・２歳児の保育における課題

前述した０歳児の保育と同様、保育所保育の需要が高まっている。多くの企業が採用している育児休業期間は１年間というものが多く、場合によっては半年から１年の育児休業延長というケースも見られる。職場復帰を前提に保育所保育を希望し、入園してくるのがこの年齢児である。

この年齢児になると身体的な成長も進み、行動力が出て怪我や友だちとのトラブルも現れる。それを「仕方がないこと」として片付けるわけにはいかない。限られた環境下で安全に過ごせる、健全に過ごせる保育を最低限の保障ラインとし取り組まなくてはならない。

③ 保育者同士のコミュニケーション

預かる子どもが増えたことにより３歳未満児を担当する保育者の数も増え、チームで保育するようになってきた。経験のある保育者は、若手の指導を進めることはもちろん、保育を行う協働者であることを忘れず、お互いに敬意をもって取り組まなければならない。独りよがりな考えや情報伝達の希薄化を避け、保育目標への統一意識をもつなかで、それぞれの保育者の力を発揮し、また、補い合う関係性をもつことに留意しなければならない。

(3) 病児保育

　保育所で生活しているなかで、子どもが体調を崩した場合、当然子どもの健康、生命の維持を第一とした対策を取らなければならない。集団生活の場である保育所では、流行性の感染疾病にも留意が必要で、このことは家庭における保育と大きく違う点である。では、実際にどのような対応や課題を含んでいるのかを考えてみる。

　① 流行性感染症への対応

　インフルエンザ等流行性感染症は、毎年多くの子どもが感染している。保育の現場は集団生活の場であるがゆえ感染のリスクは高くなるが、そのなかにおいても感染経路対策に積極的に取り組み、拡散を少なくする努力をしなくてはならない。学校保健安全法に準じ、感染児童の出席停止期間やクラス閉鎖等の必要性を保護者にも理解してもらい、被害の拡大を抑えることにより、子ども一人一人の健康・安全を守ることは必要不可欠である。頭ごなしに隔離を進めるのではなく、「仕事を休む」ということが安易ではない保護者の気持ちを察しながら保護者自身に子どもの健康・安全を守ろうとする気持ちがもてるような言葉かけやかかわり方が重要である。

　② 与薬

　保育所における与薬は各自治体によって決められている。そのため、看護師による与薬、医師の指示のもと行われる与薬などが認められている保育所もあるが、与薬自体を行わない保育所もある。与薬が必要な場合、保護者が保育所に出向き、直接子どもへ与薬を行うこともあるが、昨今の働く保護者の状況を考えると容易なことではない。そのため、治療経過の一環として投薬がある場合、保護者は医師に相談し、投薬間隔を伸ばす（朝・晩のみの投薬）などの工夫をする。

　さらに、子どもの生命の維持に直接影響を及ぼすケースもある。アレルギー疾患によるアナフィラキシー症状を発症してしまうような場合には、保育者側も医師からの指示をしっかり理解した上で薬を預かり、もしもの場合に備える。この場合、薬の保管方法は厳重にし、他の子どもが間違っても触れることのないようにしなければならない。そもそも保育者による投薬行為を可としていない場合の理由の一つとして、他児への誤飲等を防ぐためという意味合いがあることを認識する必要がある。

2 ── 保育制度をめぐる問題点と課題

(1) 待機児童問題

　働く女性が増えたことの一因に、結婚・出産を経て「職場復帰」する母親が増えたということがある。育児休暇をとった場合であっても、入所を希望する子どもは2歳児未満であることが大半である。

　3歳未満児保育は、3歳以上児と比べても非常にコストのかかる事業である。保育者数の確保、保育所の新設および増築等による設備の確保と多大な準備を必要とするが、それが追いついていないということが問題の原因である。出生率が減少傾向にあるなかであっても、2歳児未満の乳幼児の保育需要はさらに増え、保障されきれていない。

　また待機児童問題は、首都圏に限った問題ではない。現に筆者の在籍する保育所エリア（愛知県）や近隣においても待機児童という言葉が飛び交い、入所を希望する母親たちの大きな不安となっている。

(2) 保育者不足

　上記の待機児童問題にも大きくかかわっている保育者不足の問題であるが、女性の労働者が増え、3歳未満児保育、長時間保育の希望者が増えたことにより、保育者自身の労働環境に大きな変化をもたらしている。直接子どもとかかわる保育時間が長くなっていることから、事務的な仕事の処理方法に悩みをもつ保育者が多い現実となっている。保育記録・保育計画・保育準備・行事準備等、すべて保育にとってなくすことのできない大切な業務である。こういった業務も効率的に進めることができる労働環境を一刻も早く整備するためには、保育者配置数の見直しが望まれる。また、保育者も一労働者としてしっかりとした労働衛生基準に則り、産休や育児休暇が取りやすい職場とならなければ、早期離職を促すこととなりうる。今現在、尽力を尽くし保育に従事している保育者が多くいることで子どもたちやその保護者の安心につながっていることを認識し、処遇改善にも努めていく必要がある。

第2節 ● 特別な配慮を要する子どもの保育

1 ── 子どもの貧困と保育の課題

　「貧困」という言葉にどのようなイメージをもっているだろうか。一番のイメージは「お金がない」「貧しい」ということであろう。しかし、子どもの貧困は、ただ単に「お金がない」というだけではない。子どもに対しての心情の問題が考えられる。どんなに保護者が裕福であっても、子どもに対して目が向けられていなければ、「お金がない」ことと同等、もしくはそれ以下とも考えられるからである。

(1) 子どもの貧困率と児童のいる世帯所得の実態

　図16－2は、貧困率の年次推移を示したものである。子どもの貧困率は、

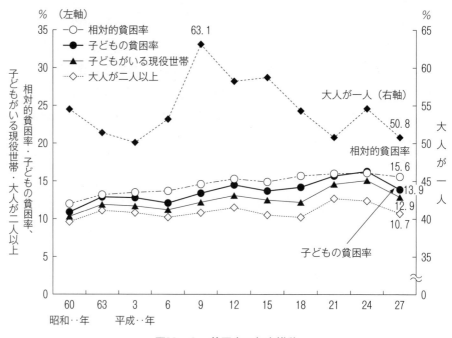

図16－2　貧困率の年次推移

注1：平成6年の数値は、兵庫県を除いたものである。
　2：平成27年の数値は、熊本県を除いたものである。
　3：貧困率は、OECDの作成基準に基づいて算出している。
　4：大人とは18歳以上の者、子どもとは17歳以下の者をいい、現役世帯とは世帯主が18歳以上65歳未満の世帯をいう。
　5：等価可処分所得金額不詳の世帯員は除く。
出典：厚生労働省「平成28年　国民生活基礎調査の概況」2017年

年々上昇傾向であったが2012（平成24）年は16.3％であったのに対して2015（平成27）年は13.9％と低下している。それは実に12年ぶりに改善をしている。しかし、現在もなお7人に1人が貧困の状態である。また、国民全体での貧困を示している相対的貧困率※2も同じように改善している。

さらに、児童のいる世帯のなかで、ひとり親家庭の割合は上昇傾向であり、2015（平成27）年には7.3％となっている。また、表16－1のように、ひとり親の家庭と他の家庭を平均所得で比べてみると、ひとり親の家庭の方が大きく下回っている。

※2　相対的貧困率
世帯の可処分所得などの値がその国や地域に住む人々の中央値に満たない者の全人口に占める割合。

表16－1　児童のいる世帯の1世帯当たりの平均所得（平成26年）

夫婦と未婚の子のみの世帯	726.4万円
ひとり親と未婚の子のみの世帯	275.0万円

出典：図16－2に同じ

(2) 所得格差による健康諸問題

まず最近では、未治療の虫歯が10本以上あるといったような子どもの口腔崩壊が問題となっている。2016（平成28）年度に兵庫県内の小中高・特別支援学校で行われた調査（兵庫県保険医協会）によると、口腔崩壊の状況にある子どもがいる学校の割合が35％に上った。またその家庭状況に関しては、「ひとり親家庭」が37％や「保護者の健康への理解不足」が33％、「経済的な困難」が32％（複数回答）と上位3位を占めている。

口腔環境の悪化は、ご飯がうまく食べられないということだけではすまされない。咀嚼がうまくできないことによって、あごの成長に影響したり、硬いものがうまく食べられず偏食の原因となってしまう。そのため、栄養状態が悪くなり、子どもの成長や発達に多大な影響を及ぼすことが危惧される。

また、医療の格差は経済的な格差と関連しており、受診料や薬代の支払いが難しく、医者に子どもが行くことができない場合もある。そのため発熱し、通常よりも早く帰宅しても、医療機関に受診した様子もなく次の日に登園してくるといったこともあるようだ。

(3) 衛生面での問題

衛生面は、心身の健康や健やかな発達にとって、重要であることはいうまでもない。そして、現在の日本はあまりにもキレイすぎる国でもある。その一方で、どのような諸問題があるのか考えていく。

はじめに衣服については、身体のサイズに合わず、大きかったり、小さす

ぎる服を着ていたり、洗濯がされておらず清潔でないことがある。それは、経済的に体に合った服を買うことができない、洗濯ができないという状況も考えられる。また、衣服の洗濯については、衣類の除菌・消臭スプレーを吹き付けることで代替している保護者もいるようだ。

次に、子どもの身体面では、お風呂にあまり入れず、頭髪がべたべたしていたり、体臭が気になるなどの状況がある。

経済的な問題による場合もあるが、保護者の理解も重要である。特に日常生活のなかでの事なので、保育者がどこまでかかわっていくのか難しい部分もある。たとえば、園で衣服を洗濯し、シャワーを浴びさせて、きれいな服や清潔な身体の気持ちよさを子どもが感じることができたとする。もちろんそれは、子どもにとって必要な経験である。しかし、その子どもが普通と思っている状態は、これまでの日常生活の状態である。そのため、保護者も含めてプライベートな部分のため慎重に話をしていくことが必要であろう。

(4) 子どもと子育て世代の「食」について

朝食の欠食については、保護者の経済的な側面だけでなく、時間的な余裕も関連している。保育は保護者のニーズによって、早朝保育や延長保育・預かり保育が一般的となってきており、早朝から夜遅くまでと、保育時間も大きく変わってきている。そのなかで、朝食を園で食べさせてほしいという保護者の要求もあるようだ。そして、厚生労働省「平成28年国民健康・栄養調査結果の概要」において、朝食の欠食率を年齢階級別でみてみると、男女ともにその割合は20歳代で最も高く、それぞれ37.4％、23.1％である。また、男女ともに次に30歳代が高く、それぞれ26.5％、19.5％となっている。まさに子育て世代の欠食率が高いといえる。保護者に朝食を食べる習慣がなければ、子どもに習慣が身に付くわけがない。また子どもだけ朝食を食べるとなると、「こ食」も問題となる。「こ食」とは、さまざまな食の問題を表す言葉である。代表的なものを挙げていきたい。

まず「孤食」である。これは、一人で食事をとることをいう。公益財団法人日本学校保健会による2014（平成26）年度児童生徒の健康状態サーベイランス事業報告書によると、小・中・高校生の朝食を一人でとる頻度の割合は「よくある」「ときどきある」という回答が男女ともに35％を超えている。なお、一人で食事をすることによりコミュニケーションがなく、注意をされる事がないため、好きなものばかり食べる偏食が起こる。

次に「個食」である。これは、家族が食卓に揃っていたとしても、一人一人好みのものを食べることをいう。保護者の過保護や個人の好みが優先され

るためだと考えられる。その他にも、食べるものが偏る「固食」や、ダイエットや食欲不振により食べる量が少なくなる「小食」などがある。

どの「こ食」も子どもの心身の成長や発達に多大な影響があると考えられ、子どものみならず保護者も含めた指導・援助が必要である。

この「孤食」の問題に対して、現在では「こども食堂」という取り組みも行われている。これは、地域などでさまざまな理由により一人でご飯を食べる状況になっていた子どもに対して、無料、もしくは安価で朝食や夕食を提供する取り組みである。子どもの孤食対策にとどまらず、貧困家庭やひとり暮らしの高齢者など、対象はさまざまである。2016（平成28）年5月末現在で全国に計319か所あり、広がりをみせている。

2 ── 家族関係の希薄化による問題

総務省「国勢調査」の結果をみると近年、核家族、なかでもひとり親世帯が増加している。そして、4人以上の世帯が減少傾向であることがわかる。そのため、子どものいる家庭であっても子どもの人数の減少、祖父母との3世代の同居の減少等により、子育てや子どものしつけの機能も低下している。また現代は、親自身も少子化のなかで育ってきている世代である。よって、子どもとのコミュニケーションにも課題が出てくる場合がある。たとえば、子どものしつけは、親と子のコミュニケーションとして重要なものであるが、子どもに嫌われたくないといったさまざまな理由で、スマートフォンのしつけアプリを使用していることなどが、話題になった。また、街中でも買い物やファミリーレストランで、親はスマートフォン、子どもは携帯ゲームに必死という光景もよく見かけるだろう。

南カリフォルニア大学の日本の子どもに対する研究によると、親との会話のなかでスマートフォンに気を取られていると感じている子どもは25％に上り、親が自分のことよりもスマートフォンを大切にしていると感じることがある子どもは20％いたとの結果が出ている。そのため、子どもとのせっかくのコミュニケーションの機会を親側から台無しにしているといえ、親子の信頼関係の構築に大きな問題が生じていると示唆される。それは、核家族化により、親へアドバイスをする存在がいないことも一因であろう。

また、前述したように孤食の問題もあり、コミュニケーションの必要性を親が認識し、場を作ることが必要であろう。

3 ── 特別な支援を必要とする子どもの保育

　他の子どもと一緒に活動に参加することが困難など、発達に課題があり特別な支援を必要とする子どもの保育について、その問題点と今後の課題について事例を通して考えてみよう。

事例　周囲になじめないケンタ
　ケンタは現在4歳。7時30分～18時30分の長時間保育を利用している。最近、ADHD（注意欠如・多動性障害）の診断を受けたところである。
　普段から落ち着きがなく、他人の気持ちを理解しにくい。また、一つのことに没頭するととても高い集中力を発揮するが、反面、集団行動が苦手で、周りの状況を把握できない。邪魔と感じたものは力ずくで排除しようとするため、他の子どもたちとのトラブルもよくみられる。

(1) 特別な支援を必要とする子どもの理解とその対応

　ケンタはクラスの生活において「他児と同じ場所にいられない」「気に入った遊びに集中し集団でのスケジュールに合わせて行動を切り替えることができない」などの姿がよく見られる。担当保育者は、ケンタ自身の「今はこれがしたい」という気持ちを受け止めつつ言葉をかけることなどにより、集団活動への参加を促してきた。また行動や考えを抑制しようとすると癇癪やパニックを起こしたり、物や人に対し暴力的に排除する行動により、手がつけられない場面もある。このような場合には、集団から離れ落ち着ける場所へ移動するなど、個別的な援助が必要となる。さらに他の健常児に対して、ケンタについて理解を深める配慮も忘れてはならない。
　このように特別な支援を必要とする子どもに対しては、きめ細やか配慮が必要となる。そのため保育者はさまざまな障害について理解を深め、これを子ども理解につなげる努力を怠ってはならない。そしてすべての子ども一人一人の最善の利益を保障していかなければならないのである。

(2) 特別な支援が必要な子どもの保育の長時間化への対応

　現代の保育において保育時間の長時間化が進行している。ケンタの保護者も就労により早朝・延長保育を希望している。そのため前述したような援助は通常の保育以外でも必要となる。また、通常保育時間以外の保育は交代制や担当制で行われており、担任保育者のみでなく、他の保育者との連携により情報の共有を図りながら、ケンタに対する理解や対応方法について理解を

深めることは、非常に重要であるとともに必要不可欠である。

(3) 加配保育者の確保

現状、障害児3名で1名の保育士の補助が補填されるというシステムが存在するが、このケースの場合1名であるので補填はない。そのためクラス担任保育者はクラス運営とともに、特別な支援も併せて進めていくことになるが、概ね満足できる保育運営ができているかは疑問が残る。また、保育の長時間化が進行する中、これからの保育事情を考慮すると、保育士の加配について新たな見直しが必要不可欠であり、今後の保育現場における非常に重要な課題となるであろう。

4 ── 多文化共生の保育

多文化共生とは、国籍や民族などの異なる人々が、文化的な違いを認め合い、対等な関係を築こうとしながら、ともに生きていくことである。多文化共生が進行する現代、その状況とともに保育現場における問題と課題について考えてみよう。

(1) 多文化共生の状況

わが国の外国人人口は、1980年代以降経済の好景気における労働力の確保、そして外国人留学生及び技能実習の増加などにより、ニューカマー[※3]と呼ばれる外国人が急増した。その後2008（平成20）年のリーマンショック、そして2011（同23）年3月に発生した東日本大震災などにより一時減少したものの現在もなお増加し続けている。法務省の在留外国人統計によると2013（同25）年では約204万人であったが、2017（同29）年には255万人を超え、ここ5年の間に50万人以上の増加がみられた。この内0歳から5歳の乳幼児は、2013（同25）年では81,490人であったが、2017（同29）年6月末時点で10万790人となり1万9,300人も増加している。

※3 ニューカマー
1980年以降に日本へ渡り、長期滞在する韓国、朝鮮系をはじめ中国系、東南アジア系や南米系の外国人などを指す。

このような状況の中、ますます多文化共生が注目されるようになり、保育現場においても多文化共生の保育が、広く求められるようになったのである。

(2) 保育現場における諸問題と今後の課題の課題

このような現状を踏まえ、多文化共生の保育を展開していく上で起こる、さまざまな問題について考えてみよう。

第一に言葉や文字に関する問題である。言葉がわからないために、子ども

やその保護者が、保育者とのコミュニケーション不足の原因となる。また子どもが病気や怪我の時など、その症状や原因について保育者が十分把握することができない場合が生じる。さらに、園からの連絡やお知らせなどの内容について、保護者が十分に理解することできない場合があることなどが考えられる。そして第二に生活、文化に関する問題が考えられる。生活習慣の違いや宗教によって食物や食事の仕方などが規制されている場合がある。また女性が肌を見せることが禁止されている宗教の場合には、着替えやおむつ交換時には男性保育者の対応に配慮が必要になることなどさまざまな問題が考えられる。

　このような問題に対応するため、保育現場において、まず何よりも外国人の子どもとその保護者に対して、日本語に親しむ機会や場の提供が必要であろう。この時、自治体との協力体制による通訳の活用なども考えられる。また、日本人である保育者や子どもたちもさまざまな言葉や文化に触れ、進んで多文化について理解を深め、ともに成長していくことのできる環境の構築が、今後の多文化共生の保育を展開していく上で、強く求められる。

● 「第16章」学びの確認
①長時間保育や３歳未満児保育においての留意点を確認しよう。
②子どもの貧困とは一体何か。そして、現在の子どもの生活状況について確認しよう。
●発展的な学びへ
①子どもの活動を想像し、長時間保育の設定で保育計画（デイリープログラム）を立て、健康・安全が保たれているのか確認してみよう。
②貧困が疑われる子どもやその保護者に対してどのように対処していくか考えてみよう。

参考文献

内閣府「平成29年版　子供・若者白書」2017年
兵庫県保険医協会ウェブサイト「兵庫県保険医新聞：子どものむし歯放置の実態は深刻　国と県は調査と対策を！」
　http://www.hhk.jp/hyogo-hokeni-shinbun/backnumber/2017/0625/070002.php
全国保育士会「保育士・保育教諭として、子どもの貧困問題を考える―質の高い保育実践のために―」（パンフレット）2017年
岡崎光子編『改訂　子どもの食と栄養』光生館　2015年
榎沢良彦・入江礼子編『保育内容人間関係［第３版］』建帛社　2017年
中塚久美子『貧困のなかでおとなになる』かもがわ出版　2012年
朝日新聞DIGITAL「日本の子どもの２割「親は自分よりスマホ」米大調査」2017年9月

29日
　http://www.asahi.com/articles/ASK9P76FHK9PULBJ01J.html
恩賜財団母子愛育会愛育研究所編『日本子ども資料年鑑2017』KTC中央出版　2017年
法務省「在留外国人統計」
　http://www.moj.go.jp/housei/toukei/toukei_ichiran_touroku.html
山下清海「増加・多様化する在留外国人―「ポスト中国」の新段階の変化に着目して―」
　『地理空間』(特集号論文)　第9巻第3号　地理空間学会　2017年　pp.249－265
日本保育協会「保育の国際化に関する調査研究報告書」
　http://www.nippo.or.jp/cyosa/02/02_ta.html

●○●　コラム　●○●

保育者の特技

　保育者が子どもに向けて表現できる「優しさ」。これを子どもにだけ向けるという極端なことの方が難しく、子どもに優しさを向けるうち、気づいた時にはさまざまなものに向けて優しくなれているのではないでしょうか。
　保育とは人が人とかかわり時間が過ぎていく世界です。時間が過ぎることもまた心地よく、さまざまな思い出や感覚を残してくれます。毎年同じようなことをしているようで、まったく違う思い出。そこには必ず「優しさ」の匂いも残っている。素敵な世界だとお伝えします。

　子どもたちは「のこぎりを使い、家を建てる大工さん」「注射を使い、病気を治すお医者さん」、こんな表現がわかりやすくて好きです。
　ここで、自分達で言うのは少し恥ずかしいですが「優しさを使って、みんなを守る先生」なんて言ってみてはいかがでしょうか。

　子どもたちが「へぇー」と、すんなり受け入れてくれたときには、やはりあなた方は素敵な保育者だと思います。

索 引

あーお

愛着 68
預かり保育 16, 158
遊び 55
アプローチカリキュラム 123
イヤイヤ期 83
SIDS 70
エピソード記述 144
園行事 154
延長保育 158
園における自己評価 147

かーこ

学習指導要領 34
家族関係 204
学校教育法 41, 168
加配保育者 203
かみつき 86
カリキュラム・デザイン 141, 183
カリキュラム・マネジメント 128
環境構成 126, 139
環境評価 146
期の指導計画 129, 136
基本的信頼 68
教育課程 127
協同的遊び 62
共鳴動作 66
記録 143
倉橋惣三 56, 166
計画 127
語彙爆発 75
交流活動 121
誤嚥 77
誤食 77
言葉かけ 77
言葉の爆発期 85

子ども・子育て支援新制度 22, 32
子どもたちの100の言葉 184
子どもの貧困 198
5領域 43, 57

さーそ

査察 139
三項関係 67
自己評価 147
自主性 94
指導 127
指導計画 128
児童福祉法 17, 45, 168
自発的な活動としての遊び 57
社会情動的スキル 180
就学サポートシート 158
就学準備型 181
就学前の子どもに関する教育、保育
　等の総合的な提供の推進に関する
　法律 48
就学前プログラム 178
集団遊び 61
週の指導計画 129, 137
小1プログラム 120
食育 153
食事 78
信頼関係 94
睡眠リズム 66
スタートカリキュラム 123
生活基盤型 182
生活習慣 93
生理的早産 65
全体的な計画 127
組織的遊び 62
育てたい人間像 183

たーと

待機児童 197
第三者評価 148
託児所 164
多文化共生 203
短期の指導計画 129, 133
長期の指導計画 128, 133
長時間保育 193
月の指導計画 129
テ・ファリキ 187
東京女子師範学校附属幼稚園 161
ドキュメンテーション 145, 185
特別な支援 205

なーの

乳児保育 47, 195
乳幼児突然死症候群 70
認定区分 23
認定こども園 22
認定こども園法
　→就学前の子どもに関する教育、
　　保育等の総合的な提供の推進に
　　関する法律
年の指導計画 128, 135

はーほ

育みたい資質・能力 31, 113
PTA活動 154
PDCAサイクル 128
東基吉 56
人見知り 67
一人遊び 61
非認知能力 180
日の指導計画 129, 138
評価 139
評価 146

病児保育　158, 196
部分の指導計画　130
ふれあい遊び　78
プロジェクト活動　185
並行的遊び　61
ペリー就学前プロジェクト　180
保育者不足　197
保育所　17, 45
保育所児童保育要録　149, 158
保育所保育指針　45, 65, 172
保育プロセスの質評価　146
保育要領　168
傍観　61
母子分離　93

まーも

見立て遊び　85, 87

やーよ

養護　47
養護と教育　68
幼児期の終わりまでに育ってほしい姿　36, 44, 113
幼小接続　122
幼稚園　11, 41
幼稚園教育要領　11, 16, 32, 34, 42, 170, 171
幼稚園教育要領　16
幼稚園保育及設備規程　162
幼稚園幼児指導要録　150, 158
幼稚園令　165
幼保連携型認定こども園　22
幼保連携型認定こども園園児指導要録　150, 158
幼保連携型認定こども園教育・保育要領　23, 26, 49
要録　121, 148, 158
与薬　196

らーろ

ラーニング・ストーリー　143, 189
離乳食　66
流行性感染症　196
レッジョ・エミリア　184
連携　118, 156
連合遊び　61

わ

わがまま　94

■編者紹介

津金　美智子（つがね　みちこ）

愛知教育大学教育学部幼児教育科卒業（学士（教育学））
文部科学省初等中等教育局幼児教育課教科調査官、国立教育政策研究所教育課程研究センター教育課程調査官、文部科学省初等中等教育局視学官を歴任
現在、名古屋学芸大学ヒューマンケア学部教授、附属子どもケアセンター長
主著：『平成29年版　新幼稚園教育要領ポイント総整理　幼稚園』東洋館出版社　2017年（編著）
　　　乳幼児教育・保育シリーズ『保育方法論』『保育内容総論』『教育課程論』光生館　2018年（編著）
　　　『幼児期の終わりまでに育ってほしい10の姿』東洋館出版社　2018年（共著）
　　　『育てたい子どもの姿とこれからの保育』ぎょうせい　2018年（共著）
　　　『エピソードから学んで！　もじ☆かずに親しもう！！』ひかりのくに　2018年（単著）

新井　美保子（あらい　みほこ）

奈良女子大学大学院文学研究科修了（修士（文学））
現在、愛知教育大学教育学部教授
主著：『保育カリキュラム論』建帛社　2013年（編著）
　　　『コンパス　保育内容　言葉』建帛社　2017年（編著）
　　　『ともに生きる保育原理』みらい　2018年（共著）
　　　『希望をつむぎだす児教育―生きる力の基礎を培う子どもと大人の関わり―』あいり出版　2013年（共著）

新時代の保育双書
子どもの主体性を育む保育内容総論

2018年11月15日　初版第1刷発行
2023年3月1日　初版第5刷発行

編　　者	津金　美智子
	新井　美保子
発行者	竹鼻　均之
発行所	株式会社みらい

〒500-8137　岐阜市東興町40　第5澤田ビル
TEL　058-247-1227代
https://www.mirai-inc.jp/

印刷・製本　サンメッセ株式会社

ISBN978-4-86015-455-4 C3337
Printed in Japan　　乱丁本・落丁本はお取替え致します。